AF291327

Angéline DUVAL

Recueil de recettes
VÉGAN

ISBN : 9781717846297

Auto-édition – 56330 Pluvigner – France
Dépôt légal : Juillet 2018

SOMMAIRE :

ENTRÉES

PLATS

DESSERTS

Préface

C'est quoi végan et le véganisme ?

Définition :

Être végan c'est refuser toute exploitation animale.

Véganisme, végan : pour un traitement éthique des animaux et des hommes

Le terme « végan » a été créé en 1944 par Donald Watson, co-fondateur de la VeganSociety et premier adepte du véganisme. Le véganisme est une façon de vivre basée sur le refus d'exploiter les animaux. On cherchera par tous les moyens à ce que l'homme ne soit pas source de souffrance pour les animaux. Le véganisme affirme que les animaux ont un droit naturel à la vie et à la liberté, à ne pas se faire exploiter ou à être maltraité.

Très souvent on s'interroge sur la différence entre végan et végétalien. La différence est qu'un végan, en plus d'être végétalien, n'utilise aucun produit d'origine animale non seulement dans l'alimentation mais aussi dans tous les aspects de la vie courante.

Les véganes ne consomment pas ou n'utilisent pas de produits d'origine animale ou issus d'animaux: chair, fourrure, cuir, laine, soie, graisses animales. Ni de produits testés sur eux comme certains produits d'entretien ou cosmétiques. Le mode de vie végan s'étend donc à tous les produits alimentaires, ainsi qu'aux produits d'utilisation courante: vêtements, produits d'entretien, cosmétiques…

Le refus de l'exploitation animale est vraiment la notion clef du véganisme.

Or il est parfois difficile de ce nourrir dans ces conditions, surtout dans notre monde basé sur la surconsommation et l'exploitation de l'animal par l'homme.

Aussi, les recettes de cuisine ne disposant pas de droit d'auteur ; si elles sont déjà publiées elles sont libres d'accès, pour s'y retrouver, je me suis fait ce recueil de recettes qui vous permet directement de choisir le plat que vous souhaitez confectionner, en étant sûr de parler végan.

Les recettes viennent essentiellement d'internet, mais pas que. Chacun y trouvera son bonheur végan !

Bon appétit !

ENTRÉES

Bouillon au vermicelles

Pour 3 personnes : Préparation : 35 min

<u>Ingrédients</u>

- 100g de vermicelles de riz ou de haricots mungo
- 2 carottes
- 1 oignon
- 1/2 patate douce
- 3-4 gros champignons
- 1 citron vert
- 4 cuillères à soupe de sauce soja
- 1 bouquet garni
- Paprika
- Huile d'olive et huile de noisette

<u>Préparation :</u>

1. Épluche les légumes. Coupe l'oignon et les champignons en lamelles fines. Coupe la patate douce en dés. Râpe les carottes.

2. Dans un fait-tout, fais chauffer un peu d'huile d'olive. Ajoute l'oignon, fais-le suer 2 minutes. Ajoute les autres légumes et le bouquet garni et mélange bien. Laisse dorer un peu puis verse la sauce soja. Ajoute 2L d'eau environ.

3. Au bout de 15 minutes de cuisson, plonge les vermicelles et poursuit la cuisson 5 minutes.

4. Ajoute du paprika, le jus du citron vert et quelques gouttes d'huile de noisette. Rectifie l'assaisonnement si nécessaire avec un peu de sauce soja.

Cake salé aux tomates séchées

Pour 1 cake : Préparation : 1 h 45 min

<u>Ingrédients</u>

- 250g de farine
- 260g de lait de soja
- 1 yaourt au soja
- 75g d'huile
- 1/2 sachet de levure chimique
- 1 cuillère à soupe de vinaigre de cidre
- 125g de tomates cerise
- 125g de tomates séchées
- Sel (1 cuillère à café), poivre

<u>Préparation :</u>

1. Dans un cul-de-poule, mélange la farine, la levure, le sel et le poivre.

2. Dans un autre récipient, mélange le yaourt, l'huile, le vinaigre de cidre et le lait de soja.

3. Verse dans l'autre cul-de-poule en mélangeant au fur et à mesure pour obtenir une pâte lisse.

4. Taille finement les tomates séchées et les tomates cerise. Ajoute-les à la préparation et laisse poser au frigo pendant 30 minutes .

5. Préchauffe le four à 200°C. Graisse ton moule à cake et verse la pâte.

6. Enfourne pour environ une heure de cuisson (en surveillant).

Chaussons aux épinards

Pour 6 personnes : Préparation : 1 h 30 min

<u>Ingrédients</u>

- 150g de farine
- 7g de levure fraîche
- 5g de sel
- une pincée de sucre
- 20 mL d'huile d'olive
- 200g d'épinards frais
- 1 oignon
- 2 cuillère à soupe d'huile d'olive
- 1/2 citron
- sel, poivre

<u>Préparation :</u>

1. Prépare la pâte : délaie la levure de boulanger dans 70 mL d'eau.

2. Mélange la farine, le sel, et la pincée de sucre. Puis verse l'huile et l'eau avec la levure. Forme une boule de pâte (ajoute un peu d'eau si

nécessaire), et pétris-la à la main ou au crochet dans ton batteur pendant quelques minutes.

3. Couvre la cuve avec un linge humide et laisse lever pendant une heure.

4. Prépare la farce : épluche l'oignon et émince-le. Fais chauffer l'huile dans une poêle et fais-y suer l'oignon.

5. Ajoute les épinards et fais-les tomber. Assaisonne avec du sel et du poivre et ajoute du jus de citron, selon ton goût. Laisse la farce refroidir complètement.

6. Préchauffe le four à 180°C.

7. Dégaze et étale la pâte, il faut qu'elle soit assez fine (2 mm d'épaisseur).

8. Découpe des ronds avec un bol retourné.

9. Dépose la farce au milieux des ronds de pâte puis referme les chaussons pour faire des triangles.

10. Enfourne les chaussons sur une plaque pour 25
    à 30 minutes de cuisson.

23

Crème de champignons et croûtons

Pour 4 personnes : Préparation : 35 min

<u>Ingrédients</u> :

- 600g de champignons de Paris
- 1 oignon
- 20 cL de crème de soja
- Noix de muscade
- 1 bouquet garni
- Huile de noisette
- 1/4 de baguette
- Huile neutre, sel, poivre

<u>Préparation</u> :

1. Épluche l'oignon et émince-le. Escalope les champignons (couper en lamelles fines).

2. Dans un fait-tout, fais chauffer de l'huile neutre et fais-y revenir l'oignon sans le faire colorer. Ajoute les champignons. Fais cuire quelques minutes. Remplis d'eau. Ajoute du gros sel et le bouquet garni. Laisse cuire 10 minutes.

3. Pendant ce temps, découpe des petits dés de baguette et mets-les dans une poêle avec un peu d'huile neutre. A feu fort, fais-les colorer en remuant souvent. Débarrasse tes croûtons.

4. Mixe les légumes avec de l'eau de cuisson. Ajoute la crème de soja pour obtenir une texture crémeuse, ni trop liquide ni trop épaisse.

5. Assaisonne bien avec du sel, du poivre et de la noix de muscade. Sers avec un filet d'huile de noisette et des croûtons.

Croquettes de pois chiches

Pour 4 personnes : Préparation : 1 h
Cuisson : 20 min

<u>Ingrédients</u>

- 200 g de pois chiches
- 500 g de fèves sèches
- 1 oignon moyen
- 2 gousses d' ail
- 1 bouquet de persil
- 3 cuillères à soupe de farine
- 1 cuillère à café de cumin en poudre
- 1 cuillère à café de coriandre en poudre
- 1 cuillère à café de paprika
- 3 cuillères à soupe de basilic frais haché
- Sel
- Huile de friture

<u>Préparation :</u>

1. Faites tremper les pois chiches et les fèves dans l'eau 12 h, les égoutter et les cuire 45 min à l'auto cuiseur.

2. Peler oignon et ail, les hacher ainsi que le persil.

3. Passer les fèves et les pois chiches au mixer (ou robot).

4. Mélanger avec le persil, l'oignon, l'ail, la farine, les épices, le sel.

5. Pétrissez le tout avec vos mains en ajoutant un peu d'eau si nécessaire.

6. Rassemblez la pâte et laisser reposer au réfrigérateur pendant minimum 30 min.

7. Façonner une trentaine de boulettes de la grosseur d'une pièce de 2 euros.

8. Les faire frire 30 secondes environ puis les égoutter sur du papier absorbant.

9. Servir chaud ou froid avec des petites sauces tomates aux herbes, ou sauces yaourts.

Feuilleté au Tofu

Pour 4 personnes : Préparation : 1 h 40 min

<u>Ingrédients</u>

- 200 g de farine bise (ou 50 g de farine complète + 150 g de farine blanche)
- 3 cuillères à soupe d' huile d'olive
- pincée de sel
- 200 g de tofus ferme nature en petits cubes
- 1 courgette en petits cubes
- 1 oignon
- 2 gousses d' ail
- 1 piment frais haché (attention au piment: lavez-vous les mains en frottant les ongles une fois haché !)
- 1 tomate , enlever pulpe, hacher chaire
- Curry
- Coriandre fraîche

<u>Préparation :</u>

1. Préparer la pâte : mélanger la farine, le sel et l'huile d'olive jusqu'à obtention mélange sableux.

2. Ajouter graduellement de l'eau (environ 20 cl) jusqu'à pouvoir former une boule lisse. Laisser reposer.

3. Préparer la farce : émincer l'ail et l'oignon, puis les faire revenir avec le piment, puis ajouter tofu et remuer 5 min.

4. Ajouter tomate et courgette, sel, poivre, curry (préférez du curry de madras ou du curry doux, pour résultat plus relevé forcez le piment).

5. Laisser cuire 5 min, les courgettes doivent rester croquantes. Retirez du feu, ajouter coriandre hachée, laisser bien refroidir.

6. Pour former des ronds de pâte de 8cm de diamètre, abaisser des petites quantités de pâte pour former des ronds approximativement de la bonne grandeur, puis découper la forme exacte avec un emporte-pièce ou simplement avec un récipient du bon diamètre et un couteau.

7. Répartir la farce dans chaque rond en laissant
   suffisamment de bords pour pouvoir refermer
   en pliant en 2. Bien presser les bords ensemble,
   petits trous à la fourchette sur le dessus.

8. Cuire à four chaud (180 à 200°C) pour éviter
   que le dessous soit tout mou... 10 min pile, 15
   min face, 10 à 15 min dernier tour.

Frita Végan

Pour 6 personnes : Préparation : 1 h 20 min

<u>Ingrédients</u>

- 6 tomates (mûres)
- 4 poivrons verts
- 2 oignons
- 2 gousses d' ail
- Poivre
- Sel

<u>Préparation</u> :

1. Couper les poivrons en petits morceaux, une fois nettoyés et débarrassés de leurs graines.

2. Les faire revenir dans de l'huile d'olive à feu fort dans un faitout.

3. Rajouter les oignons et l'ail coupés très fins eux aussi, remuer le tout pour roussir un peu. Baisser le feu et rajouter les tomates en petits

morceaux (pelées si possible car c'est meilleur, après les avoir ébouillantées).

4. Laisser mijoter le tout à feu très doux en couvrant un peu : plus on laisse mijoter, meilleur c'est (2 heures de cuisson à feu très doux c'est encore mieux!).

5. Les légumes fondent, le temps de cuisson long est vraiment le secret de la réussite.

6. Saler et poivrer à votre convenance.

Jus de tomates glacé aux oignons caramélisés

Pour 4 personnes : Préparation : 30 min

<u>Ingrédients</u>

- 1.5 kg de tomate à chair fruitée
- 2 oignons doux
- 2 cuillère à soupe de margarine végétale
- 30 g de cassonade
- 1 Bouquet de basilic frais
- Sel et Poivre

<u>Préparation :</u>

1. Émincez les oignons. A feu doux, faites-les revenir dans la margarine et la cassonade. Laissez cuire à couvert 25 minutes à feu doux.

2. A l'aide de la pointe d'un couteau, faites une incision en croix à l'arrière des tomates. Ébouillantez-les 30 secondes puis plongez-les dans l'eau glacée. Ôtez le pédoncule, pelez et taillez en quartier les tomates.

3. Placez-les dans le bol d'un mixeur, ajoutez les oignons et les feuilles de basilic préalablement lavées. Mixez Finement.

4. Rectifiez l'assaisonnement selon goût. Servez bien frais.

Melon en salade

Pour 4 personnes : Préparation : 30 min

<u>Ingrédients</u>

- 2 melons de Cavaillon ou Charentais
- 1 cuillère à soupe de graines de courge
- 200 g de tomates cerise
- 1 cuillère à soupe de jus de citron
- 2 cuillères à soupe d' huile de graines de courge
- 1 cuillère à soupe de basilic
- Poivre
- Sel

<u>Préparation</u> :

1. Couper les melons en deux en les taillant en dentelle, épépiner, faire de boules à la cuillère parisienne, réserver.

2. Griller les graines de courge dans une poêle sèche, réserver.

3. Couper les tomates cerises en quartiers.

4. Mélanger les trois éléments dans un plat, ensuite remplir les demis melons.

5. Dans un plat creux, mélanger le jus de citron, l'huile de graines de courge et les feuilles de basilic ciselées, sel et poivre selon son goût et napper la salade.

6. Servir frais.

Nachos

Pour 3 personnes : Préparation : 30 min

Ingrédients

- 150g de tortillas chips
- 100 mL de sauce tomate
- 60g de haricots noirs cuits
- 1/2 oignon rouge
- 100 mL de crème végétale
- 1 citron vert
- 1 avocat
- sel
- (facultatif) un peu de fromage râpé végan

Préparation :

1. Préchauffe le four à 200°C. Épluche l'oignon rouge et émince-le.

2. Dans un plat allant au four, dépose les tortillas chips. Verse la sauce en filet dessus. Ajoute les haricots noirs, les oignons émincés et le fromage végan. Enfourne pour environ 15 minutes !

3. Presse le citron vert et mélange le jus avec la crème végétale et un peu de sel. Émince l'avocat.

4. Sers les nachos avec de la crème citronnée et l'avocat.

Nems Végan

Pour 4 personnes, Préparation : 50 min

<u>Ingrédients</u> :

- 15 disques de feuilles de riz pour nems
- 125 g de chou blanc (environ ¼ de chou)
- 125 g de germes de soja
- 100 g de champignons de Paris (ou Portobello)
- 1 carotte de taille moyenne
- 1 petit oignon (ou ½ oignon s'il est gros)
- 40 à 50 g de soja texturé en granulés
- 1 cuillère à soupe d'huile de tournesol pour la cuisson
- Huile de tournesol pour la friture
- Quelques feuilles de laitue et de menthe pour la dégustation finale
- 100 ml de sauce soja

<u>Préparation</u> :

1. Préparez la garniture des nems végan.

2. Pour cela, laissez le soja texturé s'hydrater dans l'équivalent de 1 à 2 fois son volume d'eau bouillante avec 3 cuillères à soupe de sauce de soja, pendant environ 10 à 15 minutes. Lavez puis coupez les champignons en lamelles. Hachez le chou finement, épluchez l'oignon et ciselez-le. Lavez, pelez et râpez la carotte.

3. Dans une grande poêle antiadhésive, laissez réduire les champignons à feu vif pendant environ 5 minutes. Ils vont réduire au moins de moitié. Ajoutez l'huile de tournesol puis laissez l'oignon transpirer 1 à 2 minutes. Mélangez la préparation. Ajoutez ensuite le soja texturé et laissez encore 1 minute sur le feu, tout en remuant. Ajoutez enfin le chou émincé, la carotte râpée et les germes de soja. Baissez le feu et laissez réduire pendant 5 minutes en remuant de temps en temps. Salez et poivrez selon votre goût, retirez du feu et réservez.

4. Montez les nems végan.

5. Disposez un récipient large (poêle par exemple) rempli d'un fond d'eau tiède (3 à 4 cm) sur votre plan de travail. Étalez à proximité un torchon propre et sec (évitez les torchons qui peuvent

laisser des peluches). Gardez un rouleau de papier absorbant à portée de main ainsi que la garniture. Trempez trois ou quatre feuilles de riz dans l'eau, et attendez quelques instants qu'elles ramollissent (elles doivent avoir la souplesse d'un bout de tissu).

6. Disposez alors une première feuille de riz sur le torchon sec puis avec une feuille de papier absorbant, séchez-la légèrement en la tamponnant. Près du bord de la feuille de riz, déposez une cuillère à soupe de garniture. Tassez légèrement avec les doigts pour évacuer l'air dans la garniture, qui pourrait faire éclater le nem à la cuisson. Commencez à rouler le nem. Lorsque la garniture est recouverte, rabattez les parties latérales sur le milieu pour fermez le nem en portefeuille. Recommencez jusqu'à épuisement de la garniture et des feuilles de riz.

7. Dans une casserole ou une poêle à frire, faites chauffer 3 à 4 cm d'huile de tournesol. Lorsque l'huile est bien chaude, plongez-y les nems végan par 3 ou 4, en vous aidant d'une pince. Retirez-les lorsqu'ils sont bien dorés, déposez-

les sur du papier absorbant pour éliminer
l'excédent d'huile. Servez bien chaud.

42

Nouilles sautées fraîcheur

Pour 4 personnes, préparation : 20 min

Ingrédients :

- 300 de nouilles
- 2 carottes
- 1 oignon
- 50 g de petits pois écossés
- 50 g haricots verts équeutés
- 50 g de maïs égoutté en conserve
- sauce soja
- huile
- coriandre ciselée

Préparation :

1. Faites cuire les nouilles dans une casserole d'eau bouillante, en suivant les instructions du paquet.

2. Pendant ce temps, pelez et hachez l'oignon.

3. Pelez et coupez les carottes en petits cubes.

4. Nettoyez, épongez et coupez les haricots verts en tronçons.

5. Faites chauffer 3 c. à soupe d'huile dans un wok.

6. Faites sauter l'oignon jusqu'à ce qu'il soit translucide.

7. Ajoutez le restant des légumes et faites revenir pendant environ 7 minutes, jusqu'à ce qu'ils soient tous cuits mais encore un peu croquants.

8. Ajoutez de la sauce soja selon vos goûts et mélangez bien.

9. Quand les nouilles sont cuites, égouttez-les et ajoutez-les dans le wok.

10. Mélangez bien et dressez dans les assiettes.

11. Parsemez de coriandre ciselée et dégustez de suite.

Roulades d'aubergines

Pour 4 personnes : Préparation : 45 min

<u>Ingrédients</u>

- 2 aubergines
- 100 g de graines de tournesol non salées et décortiquées
- 1 cuillère à soupe de levure de bière
- 2 cuillères à soupe de vinaigre balsamique
- 1 cuillère à soupe de purée d'amande
- 1 cuillère à café de sel
- 1/4 botte de persil
- 5 cuillères à soupe de crème de soja
- 1 gousse d'ail

<u>Préparation :</u>

Préparation des aubergines :

1. Laver les aubergines et couper les extrémités.

2. Couper des tranches fines dans le sens de la longueur.

3. Dans une poêle chaude huilée, faire cuire des
   deux côtés les tranches d'aubergine.

4. Réserver.

Préparation de la persillade :

Mixer tous les ingrédients restant afin d'obtenir une
sauce crémeuse, qui ne doit pas être trop liquide.

Assemblage :

Déposer une cuillère à café de la persillade à
l'extrémité d'une tranche et rouler. Procéder ainsi pour
toutes les tranches.

Salade de lentilles

Pour 4 personnes : Préparation : 50 min

<u>Ingrédients</u>

- 250 g de lentilles
- 2 tomates
- 2 oignons
- Persil
- Huile d'olive
- Vinaigre
- Sel
- Poivre

<u>Préparation</u> :

1. Il faut cuire d'abord les lentilles à l'eau pendant 20 min, bien vérifier leur cuisson et les égoutter ensuite.

2. Émincer les oignons, découper les tomates, et mélanger le tout avec les lentilles.

3. Ajouter ensuite un peu de persil haché, un bon filet de huile d'olive et du vinaigre.

4. Ajouter enfin du sel et du poivre selon le goût.

5. Cette salade se mange froide ou tiède.

Salade à la mangue et au quinoa

Pour 3 personnes : Préparation : 25 min

<u>Ingrédients</u>

- 1 tasse de quinoa (soit l'équivalent de 250 mL)
- 1 mangue
- 1 avocat
- Quelques pousses d'épinard
- 1 poivron
- 50g de tomates séchées
- Une dizaine de radis
- Pousses de pois (pour la déco)
- Pour la vinaigrette : 1 orange, 1/2 citron, 3 cuillères à soupe d'huile d'olive, basilic frais, sel

<u>Préparation :</u>

1. Cuits le quinoa dans une casserole d'eau avec du gros sel. Refroidis-le à l'eau froide et égoutte-le dans une étamine.

2. Épluche la mangue et l'avocat. Coupe-les en cubes.

3. Lave le poivron et coupe-le aussi en cubes.

4. Fais des rondelles de radis et émince les tomates séchées.

5. Dans un saladier, rassemble le quinoa et toute la garniture de ta salade sans oublier les pousses d'épinard et pousses de pois pour décorer.

6. Prépare la vinaigrette : Presse l'orange et le citron puis mélange avec l'huile et une pincée de sel. Émince le basilic et ajoute-le à la préparation.

Salade à la pastèque et poivrons grillés

Pour 4 personnes : Préparation : 35 min

<u>Ingrédients</u>

- 1 laitue romaine
- 1 poivron
- 1/5 de pastèque
- 100g de pois chiches
- 1 cuillère à soupe d'huile d'olive
- 1 cuillère à café de cassonade
- sel
- Pour la vinaigrette : 50 mL d'huile d'olive - 20 mL de vinaigre balsamique - 1 cuillère à café de paprika

<u>Préparation</u> :

1. Prépare les poivrons grillés : coupe le poivron en lamelles fines.

2. Dans une petite casserole, fais chauffer l'huile. Ajoute les poivrons et laisse griller à feu fort. Ajoute un fond d'eau, la cassonade et couvre la

casserole. Laisse cuire environ 15 minutes en surveillant. Il faut que les poivrons soient bien tendres. Assaisonne avec du sel.

3. Coupe la laitue en lanières larges. Détaille la pastèque en petits triangles.

4. Prépare la vinaigrette : mélange tous les ingrédients.

5. Dans des assiettes creuses, répartis la salade, les pois chiches, les poivrons grillés, la pastèque et sers avec de la vinaigrette.

Salade piémontaise

Pour 4 personnes : Préparation : 30 min

<u>Ingrédients</u>

- 800 g de pommes de terre à chair ferme
- 400 g de tomates fraîches
- 200 g de tofu fumé
- 12 cornichons
- 200 g de cajounaise ou autre mayonnaise vegan
- 4 cs de crème végétale soja
- persil
- sel, poivre

<u>Préparation :</u>

1. Dans une casserole d'eau bouillante salée, cuire les pommes de terre épluchées et coupées en cubes pendant 20 minutes. Égoutter.

2. Épépiner les tomates et les émincer.

3. Couper le tofu en cubes et les cornichons en rondelles.

4. Dans un saladier, verser la crème végétale, la cajounaise, le sel, le poivre, le persil. Mélanger bien pour obtenir une sauce homogène.

5. Ajouter les pommes de terre, les tomates, le tofu et les cornichons.

6. Mélanger.

7. Servir accompagnée d'une salade verte.

Salade aux pommes de terre

Pour 3 personnes : Préparation : 45 min

Ingrédients

- 4 pommes de terre
- 200g de tomates cerise
- 1 avocat
- 1 pomme verte
- 80g de tomates séchées
- 1/3 de concombre
- Mesclun
- Vinaigrette : 1 citron - 3 cuillères à café d'huile d'olive - une pincée de paprika - 1 cuillère à café de sirop d'érable – sel

Préparation :

1. Fais chauffer une casserole d'eau avec les pommes de terre et du gros sel. Laisse cuire une quinzaine de minutes à partir de l'ébullition. Il faut que tes pommes de terre soient tendres à cœur. Coupe-les en cubes et laisse refroidir complètement (tu peux retirer la peau, ou pas, comme tu veux).

2. Lave et épluche les légumes.

3. Coupe les tomates cerise en deux, l'avocat, la pomme et le concombre en cubes, les tomates séchées en lanières.

4. Mélange le tout avec le mesclun et les pommes de terre.

5. Prépare la vinaigrette : presse le citron et mélange le jus avec l'huile, le paprika, le sirop d'érable et une pincée de sel.

Salade orange

Pour 6 personnes : Préparation : 10 min

<u>Ingrédients</u>

Pour la salade :

- 6 carottes
- 1 poivron orange
- 2 oranges

Pour la sauce :

- 2 cuillères à soupe d' huile d'olive (ou de tournesol)
- 2 cuillères à soupe de vinaigre balsamique de pomme
- Sel
- Poivre

<u>Préparation :</u>

1. Éplucher et râper les carottes. Laver le poivron, ôter les pépins et les membranes blanches, couper en lamelles.

2. Éplucher les oranges, enlever les membranes blanches, et détailler chaque quartier en trois. Mélanger les ingrédients.

3. Servir très frais.

4. Pour la sauce, mélanger huile, vinaigre, sel et poivre, et ajouter à la salade au dernier moment.

Salade de concombres et melons à la menthe

Pour 4 personnes : Préparation : 10 min

<u>Ingrédients</u>

- 2 concombres
- 2 melons ou 1 gros
- 10 feuilles de menthe
- Poivre noir du moulin
- Sel

<u>Préparation :</u>

1. Éplucher les concombres, ôter les grains puis couper en cubes d'1 cm, faire la même chose avec les melons.

2. Mettre le tout dans un saladier saler et poivrer légèrement, ajouter la menthe ciselée et mélanger.

3. Tenir 1 heure au frais puis servir en entrée.

Salade de quinoa

Pour 4 personnes : Préparation : 30 min

<u>Ingrédients</u>

- 1 verre de quinoa
- 1/2 concombre
- 2 tomates
- 20 feuilles de menthe
- 1 échalote
- Huile d'olive
- Jus de citron
- Sel

<u>Préparation</u> :

1. Faire cuire le quinoa 15 minutes dans l'eau bouillante. Une fois cuit, refroidissez-le en le rinçant a l'eau froide et laissez-le s'égoutter dans une passoire.

2. Pendant que le quinoa cuit, rincez les tomates, retirez les pépins et le jus qui s'en écoule et coupez les tomates en tous petits cubes.

3. Épluchez le demi-concombre, enlevez les graines et coupez-le, lui aussi, en tous petits dés.

4. Coupez très finement la menthe et l'échalote.

5. Mélangez tous les légumes avec le quinoa froid.

6. Assaisonnez avec du jus de citron, du sel et de l'huile d'olive !

Salade Thaïlandaise au concombre

Pour 2 personnes : Préparation : 11 min

<u>Ingrédients</u>

- 1 concombre
- 2 échalotes finement hachées
- 6 cuillères à café de sucre
- 6 cuillères à café de vinaigre blanc
- Coriandre fraîche
- 20 g d' arachides hachées

<u>Préparation</u> :

1. Laver et couper le concombre en 4 dans le sens de la longueur puis en petits triangles.

2. Mettre le vinaigre et le sucre 30 sec au micro ondes (jusqu'à obtenir un mélange sirupeux et aigre-doux).

3. Dans un saladier, placer le concombre, les échalotes, le coriandre et les cacahuètes et arroser de jus aigre-doux.

4. Servir bien frais avec des plats asiatiques, lors d'un barbecue ou avec des viandes grillées en général.

Samoussas de légumes

Pour 8 personnes : Préparation : 1 h

<u>Ingrédients</u>

- 20 cl d' huile
- 1 oignon
- 1 gousse d'ail écrasée
- 180 g de carottes coupées en dés
- 230 g de pommes de terre coupées en dés
- 1 poivron rouge coupé en dés
- 100 g de petits pois
- 1 cuillère à café de cumin
- 2 cuillères à soupe de pâte de curry
- 3 cuillères à soupe de chutneys de mangue
- 2 cuillères à soupe de coriandre ciselée
- 16 feuilles de filo ou feuilles de brick

<u>Préparation :</u>

1. Dans une poêle, chauffer 2 cuillers à soupe d'huile.

2. Faire revenir l'oignon et l'ail 1 min. Ajouter les carottes, les pommes de terre et le poivron. Remuer 5 min.

3. Ajouter le cumin et la pâte de curry. Remuer 2 min.

4. Délayer avec 4 cuiller à soupe d'eau, couvrir et laisser mijoter 5 min à feu doux.

5. Incorporer les petits pois, le chutney et la coriandre. Ôter du feu.

6. Couper les feuilles de filo en deux dans la longueur. Les huiler au pinceau.

7. Déposer un peu de farce dans un coin et refermer en triangle.

8. Faire dorer les samosas 5 par 5 dans le reste d'huile bouillante, 2 min de chaque côté et bien les égoutter.

Soupe de butternut

Pour 4 personnes : Préparation : 45 min

<u>Ingrédients</u>

- 800 gr de butternut
- 200 gr de pommes de terre1 oignon
- 25 cl de bouillon de légumes
- 1 cuillère à soupe de margarine végétal avec huile de noix
- Quelques graines de courge

<u>Préparation</u> :

1. Épluchez le butternut et coupez-le en cubes.

2. Épluchez et taillez les oignons en lamelles.

3. Dans une cocotte, faites revenir l'oignon avec 1 cuillère à soupe de margarine pendant 2 minutes.

4. Rajoutez les cubes de butternut et faites-les revenir à nouveau 2 minutes.

5. Versez le bouillon de légumes à hauteur des cubes de légumes. Faites cuire environ 20 à 30 minutes.

6. Faites griller les graines de courge dans une poêle. Mixez les légumes et assaisonnez.

7. Servez la soupe parsemée de graines de courge torréfiées.

Soupe de châtaignes à la crème de riz

Pour 4 personnes, préparation : 25 min

Ingrédients :

- 20 cl de Riz Cuisine Soy
- 500 g de châtaignes cuites
- 50 cl de bouillon de légumes
- 2 carottes
- 1 oignon émincé
- 2 cuillères à soupe d 'huile d 'olive
- sel et poivre

Préparation :

1. Laver et couper les carottes en rondelles.

2. Dans une casserole, faire revenir l'oignon dans l'huile d'olive. Quand il devient translucide, ajouter les carottes et les châtaignes, puis le bouillon. Saler et poivrer. Laisser cuire 15 min à feu doux.

3. Mixer le tout avec la Riz Cuisine afin d'obtenir
    un joli velouté. Servir chaud.

69

Soupe de courgettes crémeuse

Pour 2 personnes : Préparation : 35 min

<u>Ingrédients</u>

- 3 courgettes
- 1 oignon
- 200 mL de crème de soja
- 1 bouquet garni
- Huile d'olive, sel, poivre

<u>Préparation :</u>

1. Lave les courgettes et coupe-les en deux dans la longueurs (pour les poser à plat et éviter qu'elles roulent sur ta planche) puis taille-les finement. Épluche l'oignon et émince-le.

2. Dans un fait-tout, fais chauffer un peu d'huile d'olive. Ajoute l'oignon et fais suer (jusqu'à ce qu'il devienne un peu translucide). Ajoute les courgettes et laisse rissoler en remuant quelques minutes.

3. Couvre d'eau complètement et ajoute du gros
   sel et le bouquet garni. Laisse mijoter à feu
   doux pendant 15 minutes. Il faut que les
   courgettes soient fondantes.

4. Retire une partie de l'eau de cuisson et réserve-
   la pour le moment. Retire aussi le bouquet
   garni. Mixe les courgettes et ajoute de l'eau de
   cuisson si nécessaire pour obtenir la texture qui
   te plaît le plus.

5. Termine par la crème de soja et rectifie
   l'assaisonnement.

Soupe minestrone

Pour 4 personnes : Préparation : 55 min

<u>Ingrédients</u>

- 1 oignon
- 1 gousse d'ail
- 2 carottes
- 150g de céleri branche
- légumes optionnels : courgette, kale, haricots verts, pois gourmands...
- 60g de pâtes sèches
- 50g de lentilles corail
- 1,5 L de bouillon de légumes
- 1 cuillère à soupe de paprika
- 2 cuillère à soupe de concentré de tomate
- 2 cuillère à soupe d'huile d'olive
- sel, poivre

<u>Préparation :</u>

1. Épluche les carottes, le céleri et tous les légumes qui tu veux mettre dans ta soupe. Coupe-les en petits dés réguliers.

2. Épluche l'oignon et cisèle-le. Fais chauffer l'huile d'olive dans une casserole et fais-y suer l'oignon.

3. Épluche la gousse d'ail et hache-la. Ajoute-la dans la casserole.

4. Ajoute aussi tous les légumes, le paprika et les lentilles.

5. Fais rissoler à feu fort en remuant pendant quelques minutes.

6. Verse le bouillon de légumes, le concentré de tomate et ajoute du gros sel. Laisse mijoter à feu moyen et à couvert pendant 20 minutes.

7. Ajoute les pâtes et laisse cuire 10 minutes (ou le temps indiqué sur le paquet si tu utilises des pâtes à cuisson rapide).

8. Rectifie l'assaisonnement avec du sel et du poivre et sers !

Tacos de socca avocat et kiwi

Pour 4 personnes : Préparation : 20 min

<u>Ingrédients</u>

Pour le tacos :
- 125 g de farine de pois chiches
- 20 cl d'eau tiède
- 40 g de margarine végétal
- 1 pincée de sel fin

Pour la garniture :
- 2 avocats mûrs1 kiwi
- 75 cl de jus de citron vert
- 1 pincée de sel

<u>Préparation :</u>

1. Préchauffer le four à 260°

2. Dans un saladier, mélanger la farine de pois chiche à de l'eau tiède, ajouter les 40g de margarine végétal et une pincée de sel.

3. Étaler le mélange sur une plaque en silicone, saupoudrer de graines de sésame noir et enfourner pour 2 minutes.

4. A la sortie du four, tailler la pâte ainsi obtenue en bandes de 5 cm de large (pour environ 18 cm de longueur)

5. Placer ces bandes sur une gouttière, renfourner pour 5 minutes.

6. Mixer les avocats et le kiwi préalablement épluchés.

7. Assaisonner avec le jus de citron vert, le sel et le piment d'Espelette.

8. Rajouter 15g de crème fouettée nature bien serrée et mélanger.

9. Disposer la garniture sur les tuiles de socca.

Cette recette est une création du Chef Pierre Augé
Vainqueur de l'édition 2014 de "Top Chef"

Tarte tatin aux poireaux

Pour 2 personnes : Préparation : 1 h 30 min

Ingrédients

- 2 poireaux
- 3 échalotes
- 200 mL de bouillon de légumes
- 4 cuillères à soupe de sauce soja
- 3 cuillères à soupe de sirop d'érable
- 1 cuillère à soupe d'huile d'olive
- 125g de farine
- 40g d'huile de coco ou margarine
- sel, poivre

Préparation :

1. Préchauffe le four à 180°C.

2. Épluche et cisèle les échalotes.

3. Fais chauffer l'huile d'olive dans une casserole et fais-y suer les échalotes.

4. Déglace avec la sauce soja puis ajoute le bouillon de légume, un peu de poivre et le sirop d'érable.

5. Lave les poireaux et coupe des tronçons (plutôt dans le blanc des poireaux) de 1,5 cm environ.

6. Dispose les tronçons dans deux petits moules à tarte et verse le mélange de bouillon aux échalotes pour couvrir les poireaux. Enfourne pour 40 minutes.

7. Réalise la pâte à tarte : mélange la farine et le sel. Incorpore l'huile de coco en sablant avec les mains. Ajoute de l'eau (environ 100 mL) pour former une boule de pâte homogène. Tu peux ajouter une poignée de farine à la fin si ta pâte est trop collante.

8. Sépare la pâte en deux et étale deux ronds.

9. Sors les moules à tarte du four et vide le jus au maximum.

10. Place les ronds de pâte sur les poireaux pour qu'ils soient enfermés sous la pâte et perce un trou au milieu pour que l'air s'échappe.

11. Enfourne pour encore 25 minutes de cuisson.

12. Quand tes tartes tatin sont cuites, retourne-les pour servir !

Tartines tomate basilic

Pour 4 personnes : Préparation : 15 min

<u>Ingrédients</u>

- 1 Baguette
- 4 Tomates
- 2 cuillère à soupe de margarine
- 1 Gousse d'ail
- Basilic
- Huile d'olive
- Fleur de sel et Poivre

<u>Préparation</u> :

1. Découpez quelques tranches de baguette un peu épaisses.

2. Faites griller vos tranches de pain tartinées de margarine puis frottez les avec une gousse d'ail.

3. A l'aide de la pointe d'un couteau, faites une incision en croix à l'arrière des tomates.

4. Ébouillantez-les 30 secondes puis plongez-les dans l'eau glacée. Ôtez le pédoncule, pelez et taillez en quartier les tomates. Ajoutez- du poivre selon les goûts.

5. Mélangez le tout avec un filet d'huile d'olive et déposez votre préparation sur les tranches de pain grillé.

6. Déposez de la fleur de sel au dernier moment.

PLATS

Bol complet aux patates douces rôties

Pour 2 personnes : Préparation : 45 min

Ingrédients

- 1 patate douce
- 100g de riz brun
- 2 tomates
- 200g de tofu ferme
- un peu de laitue
- 3 cuillères à soupe d'huile d'olive
- 50 mL de sauce soja
- 1 cuillère à soupe de sirop d'érable
- épices (piment de Cayenne, paprika fumé, tikka masala...)
- sel, poivre
- Pour la sauce : 1 cuillère à soupe de moutarde - 50 mL d'huile d'olive - 1/2 citron - 50 mL de crème de soja – sel

Préparation :

1. Préchauffe le four à 200°C. Épluche la patate douce. Coupe-la en petites tranches et mélange

avec deux cuillères d'huile, du sel et des épices. Dispose les tranches sur une plaque recouverte d'un papier sulfurisé. Enfourne pour 35 minutes de cuisson.

2. Coupe le tofu en cubes. Dans un plat allant au four, mélange-le avec la sauce soja, une cuillère d'huile, le sirop d'érable et des épices. Enfourne pour 20 à 25 minutes.

3. Fais cuire le riz brun à l'eau avec du gros sel. Refroidis-le avec de l'eau froide et égoutte.

4. Coupe les tomates en dés.

5. Prépare la sauce : dépose la moutarde dans un bol. Verse petit à petit l'huile en mélangeant. Ajoute le jus du demi citron et la crème de soja. Assaisonne.

6. Dans des assiettes creuses, dépose un peu de riz brun, des patates douces (chaudes ou froides), du tofu (chaud ou froid), des tomates et un peu de laitue. Sers avec la sauce à la moutarde.

Boulettes d'aubergines au thym

Pour 4 personnes : +/- 15 boulettes

<u>Ingrédients</u> :

- 3 belles aubergines
- 12 quartiers de tomates confites
- 10 branches de thym frais
- 2 à 4 gousses d'ail frais au goût
- 50 g de fécule de maïs
- 6 cuillères à soupe d'huile d'olive extra vierge
- Sel et poivre noir du moulin

<u>Préparation</u> :

1. Laver et sécher les aubergines. Les couper en tous petits dés avec la peau ou les râper au travers d'une grosse grille.

2. Les assaisonner de sel et de poivre noir du moulin.

3. Poêler les aubergines hachées 10 minutes à feu vif avec 4 à 5 cuillères à soupe d'huile des tomates confites ou huile d'olive.

4. Pendant ce temps, hacher finement les tomates confites et le thym au couteau.

5. Dégermer l'ail si nécessaire, le presser et ajouter le tout dans la poêle.

6. Verser la fécule de maïs et éteindre le feu avant de mélanger intimement tous les ingrédients à l'aide d'une cuillère. Laisser refroidir.

7. Former des boulettes et cuire dans une poêle chaude avec un filet d'huile d'olive ou l'huile des tomates confites.

8. Servir avec une petite sauce de tomates épicée avec des spaghetti pour un repas complet.

Bruschetta végane

Étaler une sauce aux légumes mais une sauce tomate va aussi sur du pain de mie.

Ajouter par dessus :

- rondelles d'oignon (frais ou surgelé),
- champignons en lamelles (frais ou surgelés),
- olives noires,
- éventuellement des petits cubes de poivron ou d'autres légumes, des rondelles de saucisse végétale ou des dés de tofu fumé, personnalisez comme vous aimez ! ,
- Napper de crème végétale (type « soja cuisine »), et si vous voulez en plus d'un peu de Tahin
- saupoudrer un peu de levure maltée ,
- une pincée de sel aux herbes (Herbamare),
- une pincée d'ail en poudre,
- un spray d'huile d'olive
- et un mélange d'herbes pour pizza (origan, thym, marjolaine)
- Environ 7 minutes au four à 180°C

Carottes et pommes de terre au four
sauce moutarde

<u>Ingrédients</u>

- 500 gr de carottes
- 2 grosses de pommes de terre
- 1 gros oignon
- 2 petites gousses d'ail (ou une grosse)
- 1 cuillère à café de paprika fumé

Pour la sauce :
- 20 cl de crème soja cuisine
- 1 cuillère à soupe bombée de moutarde à l'ancienne
- 1 échalote
- huile d'olive
- sel, poivre

<u>Préparation :</u>

1. Éplucher et découper les carottes et les pommes de terre en tronçons, et les placer dans un plat à four.

2. Ajouter 1 gros oignon émincé, et 2 gousses d'ail haché, 1 à 2 cuillère à Soupe d'huile d'olive et 1 cuillère à café de paprika fumé. Saler, poivrer et bien mélanger.

3. Placer au four à 180°C pour 1h à 1h15. (Piquez les légumes avec une fourchette : si vous pouvez piquer sans résistance, c'est cuit !)

Cheeseburger végan

Pour 2 personnes : Préparation : 45 min

<u>Ingrédients</u>

Pour les steaks :
- 120g de haricots rouges ou noirs cuits
- 70g de flocons d'avoine
- 1 cuillère à soupe de concentré de tomate
- 5 champignons de Paris
- 1/2 oignon
- 2 cuillères à soupe d'huile d'olive
- sel, poivre, paprika

Pour le fromage fondu :
- 160 mL de lait de soja
- 80 mL de bière
- 1 cuillère à soupe de fécule de tapioca
- 50 mL de crème de soja
- 1 cuillère à café de levure maltée
- sel

- 2 pains à burger
- 2 tomates

- Quelques feuilles de laitue
- Quelques tranches de cornichon
- Sauce : ketchup ou mayonnaise ou moutarde

<u>Préparation</u> :

1. Prépare les steaks : Épluche l'oignon et émince-le. Émince les champignons. Fais chauffer l'huile dans une poêle et fais-y suer l'oignon. Ajoute les champignons et fais cuire pour que la majorité de l'eau de constitution des légumes soit évaporée et qu'ils commencent à dorer.

2. Écrase les haricots à la fourchette. Mélange les légumes avec les haricots écrasés. Ajoute le concentré de tomate, le paprika, du sel et du poivre. Ajoute les flocons d'avoine pour former une pâte malléable a la main. Forme 2 steaks.

3. Prépare le fromage fondu : fais chauffer le lait de soja avec la fécule, la bière, la crème de soja, la levure maltée et une pincée de sel. Fouette tout le temps jusqu'à ce que la sauce devienne plus épaisse. Grâce au tapioca, elle va former des filaments comme du fromage fondu. Réserve dans un bol.

4. Fais dorer les steaks, 4 minutes de chaque côté,
   dans ta poêle qui a servie pour les champignons

5. Fais toaster tes pains à burger ouverts en deux.
   Garni avec la sauce de ton choix, de la laitue, un
   steak, de la sauce fromage, une rondelle de
   tomate et du cornichon.

Chili aux 3 haricots

Ingrédients :

- 1 oignon, émincé
- 4 grosses gousses d'ail, écrasées
- 1 poivron, coupé en morceaux
- 6 champignons de Paris, tranchés
- 2 grosses carottes, coupées en rondelles
- 1-2 piment jalapeño, émincé
- 2 cuillers à soupe de poudre de chili
- 1 cuiller à soupe de cumin
- 1 cuiller à soupe d'origan séché
- Piment de Cayenne au goût
- 2 tasses de lentilles cuites, rincées et égouttées
- 2 tasses de haricots rouges cuits, rincés et égouttés
- 2 tasses de haricots noirs cuits, rincés et égouttés
- 1 boîte de tomates en dés, avec le jus
- 1 tasse de bouillon de légumes (facultatif)
- 1-2 tasses de grains de maïs congelé, décongelés

Préparation

1. Dans un grand chaudron, faire revenir les légumes à feu moyen-vif avec un peu d'eau jusqu'à ce que l'oignon ramollisse.

2. Ajouter tous les autres ingrédients, bien mélanger et porter à ébullition. Réduire le feu et laisser mijoter jusqu'à ce que les légumes soient tendres. Laisser mijoter plus longtemps pour une texture moins liquide ou, au contraire, ajouter un peu de bouillon de légumes ou de jus de tomate pour un effet plus « soupe »

3. Saler et poivrer.

4. Servir avec de l'oignon vert, des fines herbes comme de la coriandre et du persil frais et des croustilles de maïs bio.

Club sandwich 100% légumes

Pour 4 personnes : Préparation : 30 min

<u>Ingrédients</u>

- 150 g de chou fleur
- 150 g de brocolis
- 70 g de margarine végétale avec huile de noix
- 1 cuillère à soupe de moutarde
- 1 cuillère à café de vinaigre blanc
- 1 échalote hachée
- 75 mL de lait de soja
- 50 g d'amandes grillées
- 4 tartines de pain de son
- 2 cuillère à soupe d'herbes fraîches hachées très finement (coriandre, persil, estragon)

<u>Préparation :</u>

1. Faites cuire à feu doux le chou-fleur et le brocoli détaillés en petits bouquets avec 20g de margarine végétale avec huile de noix.

2. Ajoutez 10 cl d'eau après 5 minutes de cuisson. Poursuivez la cuisson 10 minutes et laissez refroidir.

3. Placez dans un saladier les choux, la moutarde, le vinaigre, l'échalote, le lait de soja, les amandes et 50g de margarine végétale avec huile de noix.

4. Mixez le tout et rectifier l'assaisonnement si besoin.

5. Tartinez le pain avec la préparation et rajoutez des copeaux de choux fleur et brocoli.

Curry de pois chiches

Pour 4 personnes : Préparation : 55 min

<u>Ingrédients</u>

- 1 cuillère à soupe d'huile de tournesol
- 2 oignons émincés
- 4 gousses d' ail (écrasées)
- 800 g de pois chiches en boîte égouttés
- 450 g de tomates en boîte en morceaux
- 1 cuillère à café de sel
- 2 cuillères à soupe de pâte de curry ou bien le mélange suivant :
    - 1 cuillère à café de chili en poudre
    - 1 cuillère à café de paprika
    - 1 cuillère à café de curcuma (ou curry en poudre)
    - 1 cuillère à soupe de cumin moulu
    - 1 cuillère à soupe de coriandre moulue
    - 1 cuillère à café de massala

<u>Préparation :</u>

1. Chauffer l'huile dans une casserole ou une cocotte

2. Y faire revenir les oignons et l'ail, remuer.

3. Ajouter les épices et remuer.

4. Ajouter les tomates avec leur jus.

5. Puis les pois chiches. Mélanger.

6. Couvrir et laisser mijoter 20 min à feu doux.

7. Saler, ajouter le guaram massala, remuer et prolonger la cuisson de 20 min.

8. Servir très chaud avec des naans ou des chapatis.

Feuilletés ricotta & oignons caramélisés

Pour 12 pièces : Préparation : 55 min

<u>Ingrédients</u>

- 1 pâte feuilletée
- 3 oignons
- 150g de tofu
- 80g de crème de soja
- 1/4 de botte de ciboulette
- 1 cuillère à soupe de sirop d'érable
- 2 cuillères à soupe de lait de soja
- sel, poivre, huile d'olive

<u>Préparation :</u>

1. Épluche les oignons et émince-les. Fais chauffer un filet d'huile d'olive dans une poêle et fais-y rissoler les oignons. Quand ils sont fondants, ajoute le sirop d'érable et poursuis la cuisson jusqu'à ce qu'ils soient bien caramélisés. Assaisonne. Laisse refroidir.

2. Mixe le tofu avec la crème de soja pour obtenir une texture granuleuse proche de la ricotta. Assaisonne. Cisèle la ciboulette et ajoute-la.

3. Préchauffe le four à 180°C.

4. Découpe des ronds dans ta pâte feuilletée et garnis-les avec un peu d'oignons et un peu de ricotta. Referme en demi-lunes et soude les bords. Badigeonne avec un peu de lait de soja et enfourne pour 20 minutes.

Galette bretonne
à la fondue de poireaux

Pour 2 personnes : Préparation : 45 min

<u>Ingrédients</u>

- 2 poireaux
- 3 échalotes
- 1 oignon
- 100 mL de crème de soja ou lait de coco
- 75g de farine de sarrasin
- 20g de noix
- 2 cuillères à soupe d'huile d'olive
- sel, poivre

<u>Préparation :</u>

1. Épluche l'oignon et les échalotes, lave les poireaux. Émince tous les légumes finement. Dans une poêle, fais chauffer l'huile. Fais-y suer l'oignon et les échalotes. Quand ils deviennent translucides, ajoute les poireaux. Fais revenir jusqu'à ce que ça commencer à dorer puis ajoute de l'eau. Laisse cuire une vingtaine de minute, à feu moyen, en ajoutant de l'eau par moment si

nécessaire. Termine par ajouter la crème de soja ou le lait de coco. Assaisonne avec du sel et du poivre.

2. Prépare la pâte à galette de sarrasin : mélange la farine avec 5g de sel, puis verse 200 mL d'eau petit à petit en fouettant pour obtenir une pâte lisse.

3. Fais chauffer une poêle à crêpe légèrement graissée (j'utilise de la margarine salée pour ça, mais tu peux prendre de l'huile). Verse une louche de pâte pour faire une crêpe. Au centre, dépose de la fondue de poireau, puis replis les 4 côtés et sers avec quelques noix concassées !

Gaufres à la pomme de terre

Pour 4 personnes : Préparation : 55 min

<u>Ingrédients</u>

- 450g de pommes de terre
- 30g de fécule
- 380g de lait végétal
- 150g de farine
- 1/2 sachet de levure chimique
- Persil plat et ciboulette
- huile de tournesol
- sel, poivre

<u>Préparation :</u>

1. Lave les pommes de terre et fais-les cuire à l'eau (avec la peau) avec un peu de gros sel pendant environ 25 minutes (tout dépend de la taille de tes pommes de terre mais il faut qu'elles soient fondantes). Écrase-les en purée, toujours avec la peau.

2. Dans un bol, mélange la fécule avec 70g d'eau, ajoute ce mélange à ta purée. Ajoute ensuite le lait de soja, progressivement, pour bien l'incorporer à la purée.

3. Mélange la farine, la levure, du sel et du poivre et ajoute ce mélange à ta préparation. Quand ta pâte à gaufre est homogène, tu peux ajouter des herbes fraîches hachées.

4. Fais chauffer ton moule à gaufre et graisse-le légèrement avec de l'huile. Verse une demie louche de pâte par gaufre et fais cuire quelques minutes. Tu peux les manger encore chaudes et croustillantes ou alors quand elles refroidissent et qu'elles deviennent moelleuses

5. Pour accompagner, fais une sauce avec un yaourt au soja, des herbes fraîches, du sel et du poivre.

Gnocchis de betterave

Pour 2 personnes, préparation : 50 min

Ingrédients :

Pour les gnocchis :
- 300 g de pommes de terre
- 100 g betterave cuite
- 180 g de farine
- 1 cuillère à soupe d'huile d'olive
- Sel

Pour la sauce aux noix :
- 20 cl de Riz Cuisine Soy
- 80 g de cerneaux de noix
- 3 cuillères à soupe d'huile de noix
- Ciboulette
- Sel
- Poivre

Préparation des gnocchis :

1. Éplucher et couper les pommes de terre en morceaux. Les cuire à l'eau bouillante salée

pendant 15 à 20 min puis les écraser à l'aide d'un presse purée avec la betterave.

2. Dans un saladier, mélanger la purée ainsi obtenue avec la farine (la farine est à ajuster selon le degré d'humidité de la pâte).

3. A l'aide des mains, façonner des petits boudins et couper des tronçons de 2 cm environ pour former les gnocchis.

4. Dans une casserole d'eau bouillante salée, ajouter l'huile d'olive et y plonger les gnocchis environ 2 min.

5. Ils sont cuits quand ils remontent à la surface.

Préparation de la sauce aux noix :

1. Mixer les ingrédients jusqu'à l'obtention d'un mélange homogène puis chauffer le tout à feu doux 5 min.

2. Napper les gnocchis de cette sauce et servir immédiatement.

Gratin dauphinois
à la crème de cajou

Pour 4 personnes : Préparation : 1 h 10 min

<u>Ingrédients</u>

- 1,2 kg de pomme de terre
- 150 g de noix de cajou (les faire tremper la veille)
- 2 gousses d'ail
- 10 g de fécule de maïs
- 50 cl d'eau
- 1/2 noix de muscade (sinon en poudre)
- Sel et poivre
- Un peu d'huile

<u>Préparation :</u>

1. Laver et éplucher les pommes de terre.

2. Coupes les pommes de terre le plus finement possible au couteau (utiliser une mandoline ou un robot qui tranche en fine lamelle si vous voulez).

3. Les pré-cuire à la vapeur 10-15 min tout dépend de votre appareil et si vos tranches sont bien fines. Elles ne doivent pas être complètement cuites.

4. Mixer : les noix de cajou qui ont trempées (une nuit c'est mieux), l'ail, la fécule, le sel, le poivre, l'eau et noix de muscade râpée. La texture est entre une crème et du lait. L'idéal est d'avoir un bon mixer pour que ça soit bien fluide.

5. Huiler un grand plat à gratin.

6. Installer les pommes de terre pré-cuites.

7. Verser la crème onctueuse, il faut que les pommes de terre soient bien immergées.

8. Mettre au four pendant 30-45 minutes à T7 (210°).

Gratin de courgettes au sésame

Pour deux plats à gratin :

<u>Ingrédients</u> :

- 1 grosse courgette (ou 2 petites)
- 1 grosse gousse d'ail (ou 2 petites)
- 1 cuillère à café d'oignon séché (ou échalote)
- huile d'olive
- 20cl de crème soja cuisine
- 2 cuillère à café de fécule de maïs
- 1/2 cuillère à café de curcuma
- 1/2 cuillère à café d'ail en poudre
- 1/2 cuillère à café de mélange « quatre épices »
- une pincée de poivre
- une pincée de gomasio
- 2 cuillères à soupe de levure maltée**
- une pincée de sel
- une poignée de graines de sésame

<u>Préparation</u> :

1. Couper les courgettes en fins petits morceaux (pour cela je la coupe en 2 dans la longueur, puis encore en 2, et je fais de fines lamelles).

2. Hacher l'ail.

3. Dans une poêle, faire revenir 2 minutes l'ail haché + 1 cuillère à café d'oignon séché dans un filet d'huile d'olive.

4. Ajouter ensuite la courgette et cuire à feu moyen une dizaine de minutes en remuant de temps en temps.

5. Préchauffer le four à 200°C.

6.   Préparer l'appareil à gratin

7. Dans un bol, mélanger : 20 cl de crème soja + 2 cuillère à café de fécule de maïs + 1/2 cuillère à café de mélange 4 épices, une pincée de poivre, 1/2 cuillère à café de curcuma, 1 cuillère à soupe de levure maltée, une pincée de sel et 1/2 cuillère à café d'ail en poudre.

8. Vous pouvez également ajouter à l'appareil 1 Cuillère à soupe de Tahin, ou purée de sésame.

9. Dans les moules à gratin individuels, déposer les courgettes et les saupoudrer de gomasio, puis verser l'appareil.

10. Saupoudrer de levure maltée et de graines de sésame.

11. Enfourner 15 minutes.

Hot-dog carottes / betteraves

Pour 4 personnes : Préparation : 30 min

<u>Ingrédients</u>

- 4 Pain à hot-dog
- 120 g de carottes cuites
- 145 g de betteraves cuites
- 150 g de chou chinois
- 100 ml d'eau
- 30 g de margarine végétale
- 1 pincée de sel1 pincée de piment d'Espelette
- 5 ml de vinaigre de Xérès

<u>Préparation :</u>

1. Préchauffer le four à 220°C, en position grill

2. Émincer le chou chinois

3. Ajouter le vinaigre de Xérès, le sel et le piment d'Espelette.

4. Réaliser une purée cardinale en écrasant les carottes avec les betteraves à l'aide d'une fourchette ou d'un presse-purée.

5. Toaster le pain à hot-dog 1 min au four

6. Disposer sur le pain le chou chinois assaisonné

7. Ajouter la purée cardinale à l'aide d'une poche à douille uni

Cette recette est une création du Chef Pierre Augé
Vainqueur de l'édition 2014 de "Top Chef"

Houmous et caviar de poivron

Pour 4 personnes : Préparation : 2 h 20 min

<u>Ingrédients</u>

- 200g de pois chiche
- 2 poivrons rouges
- 5 cuillères à soupe d'huile d'olive
- 1 gousse d'ail
- 3 cuillères à soupe de tahini
- 30 mL de crème végétale
- 1 cuillère à soupe de jus de citron
- 1/2 cuillère à café de sucre
- 30g de noix
- épices (paprika et piment)
- quelques feuilles de basilic
- sel, poivre

<u>Préparation :</u>

1. Prépare le caviar de poivron : lave les poivrons et fais-les rôtir 2 heures à 170°C. Retire la peau et les grains à la main. Mixe la chair avec 2

cuillères à soupe d'huile d'olive, du sel, le sucre, du parprika et du piment si tu aimes ça.

2. Prépare le houmous : épluche la gousse d'ail et hache-la grossièrement. Mixe les pois chiche avec le tahini, la crème végétale, le jus de citron, l'ail, du sel et 3 cuillères à soupe d'huile d'olive.

3. Dans une assiette, étale le houmous et fais un puits au milieu pour y verser le caviar de poivron. Parsème des noix concassées, du basilic ciselé et saupoudre avec du poivre et du papika.

Lentilles corail au wok

Pour 2 personnes : Préparation : 25 min

<u>Ingrédients</u>

- 1 verre de lentilles corail
- 1 verre de riz
- 1 oignon
- 1/2 poivron
- 1 petite poignée de raisins secs
- Poivre
- Sel
- Paprika
- Huile d'olive

<u>Préparation</u> :

1. Utilisez de préférence un wok, sinon une poêle.

2. Faites revenir l'oignon et le poivron dans 2 cuillères à soupe d'huile d'olive.

3. Rincez les lentilles à l'eau froide.

4. Ajoutez-les dans le wok avec un verre d'eau froide et les épices.

5. Les lentilles corail vont cuire un peu comme un risotto. (à ne PAS faire avec des lentilles traditionnelles).

6. Ajoutez de l'eau en cours de cuisson si nécessaire.

7. Prévoir 15 min de cuisson.

8. Accompagnez les de riz nature.

Linguine aux tomates, courgettes et brocolis

Pour 4 personnes : Préparation : 15 min

Ingrédients

- 400 g de pâtes linguine
- 1 courgette
- 1 petit brocoli
- 100 g de tomates cerises
- 80 g de margarine végétale
- 0.5 botte de basilic
- 0.5 botte de persil plat
- 1 gousse d'ail
- Sel et poivre

Préparation :

1. Lavez et hachez les herbes finement. Écrasez la gousse d'ail.

2. Mélangez la margarine végétale avec les herbes et l'ail. Mettez au réfrigérateur.

3. Faites cuire les pâtes tout en respectant les consignes du paquet.

4. Faites revenir les légumes crus dans un wok, rajoutez une pointe d'eau et couvrez pendant 3 à 5 minutes.

5. Rajoutez le mélange de margarine végétale aux herbes puis continuez la cuisson 2 minutes.

6. Répartissez les pâtes dans les bols et les légumes sur le dessus.

Nuggets de pois chiche

Pour 30 pièces : Préparation : 1 h 10 min

Ingrédients

- 600g de pois chiche cuits
- 200g de farine de gluten
- 100g de farine (de ton choix)
- 100 mL de lait végétal
- 150g de chapelure et/ou corn-flakes
- 150 mL d'huile pour cuisson
- épices de ton choix (paprika, cumin, oignon en poudre...)
- sel

Préparation :

1. Égoutte et rince bien les pois chiche. Mixe-les pour former une pâte et travaille cette pâte à la Maryse dans un cul de poule. Ajoute du sel, des épices, la farine de gluten et 200 mL d'eau (tu peux mettre du bouillon de légumes si tu veux). Ajuste la quantité d'eau pour former une pâte malléable à la main. Si tu en as, tu peux aussi

mettre du liquid smoke pour donner un petit goût fumé.

2. Divise la pâte en une trentaine de petits morceaux que tu peux façonner à la main pour qu'ils ressemblent à des nuggets.

3. Pour la panure : prépare trois assiettes creuses, une pour la farine, une pour le lait végétal et une pour la chapelure et/ou les corn-flakes écrasés qui donnent un résultat plus croustillant. Un à un, enrobe tes nuggets de farine, puis passe-les dans le lait végétal et termine par les enrober de chapelure.

4. Quand tous les nuggets sont panés, fais chauffer l'huile pour cuisson dans une poêle (ou allume ta friteuse si t'en as une). Préchauffe aussi ton four à 180°C.

5. Fais frire les nuggets de chaque côté dans la poêle (ou dans ta friteuse) pour qu'ils soient bien dorés. Ensuite, dispose-les tous sur une plaque allant au four et enfourne pour 10 à 15 minutes. Sers avec la sauce de ton choix, ketchup, barbecue, mayonnaise végane...

Parmentier de patates douces
aux noisettes et oignons confits

Pour 4 personnes : Préparation : 30 min

Ingrédients

- 1.4 kg de patates douces (à chair orange)
- 2 dl de lait de soja
- 4 cuillères à café. de curry
- 4 cuillères à soupe de noisettes concassées
- 2 oignons rouges
- 2 cuillères à soupe de sauce soja
- 30 g de margarine végétale
- 2 cuillères à soupe de ciboulette finement hachée

Préparation :

1. Préchauffez le four à 210 °C (Th.7).

2. Pelez les patates douces, coupez-les en morceaux égaux et cuisez-les pendant 15 minutes environ dans de l'eau bouillante salée.

3. Épluchez et taillez en lamelles les oignons rouges.

4. Dans une poêle, faites revenir les oignons avec un peu de margarine végétale pendant 5 minutes puis déglacez avec la sauce soja.

5. Égouttez les patates douces et écrasez-les grossièrement à la fourchette. Incorporez le lait de soja, le poivre, le curry et le reste de margarine végétale.

6. Dans un plat allant au four, disposez les oignons puis la chair de patate douce recouverte de noisettes.

7. Faites gratiner et chauffer le plat. Retirez-le du four et parsemez de ciboulette.

Pâtes aux olives

Pour 4 personnes : Préparation : 20 min

Ingrédients

- 1 boîte d'olives farcies aux poivrons
- 1 boîte de tomate pelée au basilic
- Pâtes

Préparation :

1. Faire cuire les pâtes selon votre goût et le type de pâtes.

2. Hacher les olives au mixer.

3. Dans une petite casserole, faire revenir les olives hachées (comme si c'était de la viande) avec un peu d'huile d'olive. Ajouter ensuite les tomates et faire cuire une petite dizaine de minutes.

Pizza végan

Pour 4 personnes : Préparation : 1 h 15 min

<u>Ingrédients</u>

Pour la pâte :
- 300g de farine
- 15g de levure fraîche
- 5g de sel
- une pincée de sucre
- huile d'olives

Pour la sauce :
- 2 oignons
- 5 tomates
- du basilic -
- huile d'olives
- sel – poivre

Pour le fromage :
- 150g de noix de cajou
- 2 cuillères à soupe de tofu soyeux
- 100 mL de lait de soja
- sel

<u>Préparation</u> :

1. La veille, ou 4 heures avant minimum, fais tremper les noix de cajou dans l'eau.

2. Prépare la pâte à pizza : Délaie la levure fraîche dans environ 150 mL d'eau tiède. Mélange la farine, le sel, le sucre et un filet d'huile d'olive dans ton batteur ou à la main. Ajoute l'eau avec la levure et mélange bien. Tu peux ensuite rajouter un peu d'eau en fonction de la texture de ta pâte. Il faut qu'elle reste un peu collante pour que le résultat soit moelleux à la cuisson. Laisse ta pâte en boule dans son récipient avec une pincée de farine au fond et fait lever dans un endroit un peu chaud pendant une heure.

3. Prépare la sauce tomate : Épluche les oignons et lave les tomates. Émince les oignons.. Fais-les suer dans une casserole avec un peu d'huile d'olive. Coupe les tomates en dés et ajoute-les. Laisse bien mijoter, sans ajouter d'eau, jusqu'à ce que tout soit réduit en compotée (environ 15 minutes à feu moyen). Débarrasse hors du feu puis assaisonne et ajoute le basilic ciselé. Je ne

mixe pas la sauce volontairement pour garder des morceaux.

4. Prépare le fromage de cajou : Égoutte les noix de cajou et mixe-les avec le tofu soyeux, un peu de lait de soja et du sel. Ajuste la quantité de lait de soja en fonction de la texture obtenue. Le fromage doit être assez consistant, comme pour être tartiné.

5. Prépare la pizza : Préchauffe le four à 210°C. Dégaze et étale ta pâte à pizza, qui est devenue moins collante après avoir levé. Essaie de faire un rectangle assez régulier. Recouvre de sauce tomate puis ajoute des petits tas de fromage de cajou un peu partout. Pose sur une plaque avec un papier sulfurisé et enfourne pour 15 à 20 minutes de cuisson.

Poêlée au tofu

Pour 2 personnes : Préparation : 35 min

<u>Ingrédients</u>

- 200 g de tofus nature
- 250 g de juliennes de légumes
- 100 g de riz basmati
- 2 échalotes
- 2 cuillères à soupe de sauce soja
- 1 pincée de sel
- 1 pincée de poivre
- 1 cuillère à soupe d'huile d'olive

<u>Préparation :</u>

1. Faire cuire le riz dans une casserole d'eau bouillante. Pendant ce temps, faites revenir dans une poêle les échalotes avec l'huile d'olive.

2. Coupez le tofu en dés assez fins et les ajouter dans la poêle avec les échalotes.

3. Rajouter ensuite la julienne de légumes.

4. Bien mélanger.

5. Laisser mijoter 5 min.

6. Quand le riz est cuit, incorporez le dans la poêle et assaisonnez de sel et poivre.

7. Enfin, rajouter la sauce soja. Laisser cuire encore 5 min et voilà, le tour est joué !

Purée de pomme de terre, noix et herbes fraîches

Pour 4 personnes : Préparation : 60 min

<u>Ingrédients</u>

- 800 gr de pommes de terre
- 50 gr de cerneaux de noix
- 2 cuillère à soupe de margarine végétale avec huile de noix
- 10 cl de lait d'amande
- Quelques feuilles d'estragon
- Quelques brins de ciboulette

<u>Préparation :</u>

1. Pelez les pommes de terre et mettez-les dans une casserole à fond épais puis couvrez-les juste d'eau.

2. Portez à ébullition, salez et laissez cuire 20 min environ, à couvert, jusqu'à ce que les pommes de terre soient très tendres.

3. Éliminez l'eau encore contenue dans la casserole et laissez les pommes de terre se dessécher quelques minutes à la chaleur.

4. Ensuite, passez les pommes de terre au presse-purée au-dessus de la casserole

5. Ajoutez les cerneaux de noix, 2 cuillère à soupe de margarine végétale avec huile de noix, 10 cl de lait d'amande en mélangeant jusqu'à obtenir une texture fine.

6. Placez quelques feuilles d'estragon et quelques brins de ciboulette

Ratatouille

Pour 4 personnes : Préparation : 1h 20 min

<u>Ingrédients</u>

- 350 g d' aubergines
- 350 g de courgettes
- 350 g de poivrons de couleur rouge et vert
- 350 g d' oignons
- 500 g de tomates bien mûres
- 3 gousses d' ail
- 6 cuillères à soupe d' huile d'olive
- 1 brin de thym
- 1 feuille de laurier
- Poivre
- Sel

<u>Préparation :</u>

1. Coupez les tomates pelées en quartiers,

2. les aubergines et les courgettes en rondelles.

3. Émincez les poivrons en lamelles

4. et l'oignon en rouelles.

5. Chauffez 2 cuillères à soupe d'huile dans une poêle

6. et faites-y fondre les oignons et les poivrons.

7. Lorsqu'ils sont tendres, ajoutez les tomates, l'ail haché, le thym et le laurier.

8. Salez, poivrez et laissez mijoter doucement à couvert durant 45 minutes.

9. Pendant ce temps, préparez les aubergines et les courgettes. Faites les cuire séparément ou non dans l'huile d'olive pendant 15 minutes.

10. Vérifiez la cuisson des légumes pour qu'ils ne soient plus fermes. Ajoutez les alors au mélange de tomates et prolongez la cuisson sur tout petit feu pendant 10 min.

11. Salez et poivrez si besoin.

Risotto de quinoa

Pour 2 personnes : Préparation : 35 min

<u>Ingrédients :</u>

- 1/2 poivron
- 1/2 courgette
- 1 verre de quinoa
- 1 cuillère à soupe de curry en poudre
- Sel
- Poivre
- 1.5 verre d'eau
- 25 cl de lait de coco

<u>Préparation :</u>

1. Faire revenir le poivron et la courgette.

2. Verser le quinoa préalablement rincé.

3. Verser l'eau.

4. Verser le curry, le sel et le poivre.

5. Remuer.

6. Faire cuire 15 min.

7. Ajouter le lait de coco à la fin.

8. C'est prêt lorsqu'on voit les germes du quinoa.

Riz aux poivrons

Pour 4 personnes : Préparation : 40 min

<u>Ingrédients :</u>

- Riz basmati ou thaï ou blanc "classique" pour 4 personnes
- 2 poivrons rouges
- 1 poivron vert
- 2 oignons
- 2 gousses d' ail
- Poivre noir
- Sel
- Cumin
- Poivre de Cayenne
- 2 cuillères à soupe de thym
- 2 cuillères à soupe d' huile d'olive

Préparation :

1. Émincer l'oignon et couper les poivrons en petits losanges.

2. Faire chauffer l'huile dans une grande poêle et y
   mettre les oignons à revenir et l'ail haché. Dès
   qu'ils deviennent transparents, ajouter les
   poivrons.

3. Assaisonner : sel, poivre noir, poivre de
   Cayenne, cumin, thym.

4. Laisser cuire environ 15 min à couvert (les
   poivrons doivent être tendres.) S'ils sont trop
   fermes, les laisser encore un peu.

5. Pendant ce temps, cuire le riz. Si vous avez
   choisi un riz thaï ou basmati : cuisson 10 min.
   Mais vous pouvez le faire avec un riz blanc
   "classique" 20 min.

6. Lorsque le riz est cuit et égoutté, le mettre dans
   la poêle avec les poivrons.

7. Faites revenir le tout 5 min et rectifier
   éventuellement l'assaisonnement.

8. Servir aussitôt.

Semoule aux légumes

Pour 4 personnes : Préparation : 25 min

<u>Ingrédients :</u>

- 1 courgette (selon la taille)
- 1 poivron rouge
- 150 g de maïs (soit 1 petite boite)
- 250 g de semoule environ (selon l'appétit)
- Poivre
- Sel
- Cumin
- Ras el Hanout (ou toute autres épices selon les goûts)
- Eau

<u>Préparation :</u>

1. Dans une grande poêle, faire revenir les légumes coupés en dés dans un peu d'huile d'olive. Ajouter le maïs, le sel, le poivre et les épices.

2. Quand les légumes sont encore un peu croquants, saupoudrer le tout avec la semoule. Remuer un peu, et baisser le feu. Ajouter de l'eau jusqu'à recouvrir les légumes.

3. Couvrir, et laisser cuire jusqu'à ce que l'eau soit absorbée.

4. Ce plat peut se décliner à l'infini, en fonction des goûts et des légumes que l'on a dans le frigo.

Soupe complète
au lait de coco et lentilles corail

Pour 2 personnes : Préparation : 35 min

<u>Ingrédients :</u>

- 1 oignon
- 150g de lentilles corail
- 300g d'écrasé de tomate en conserve
- 400 mL de lait de coco
- 1 cuillère à café de curry en poudre
- herbes fraîches
- sel, poivre, huile d'olive

<u>Préparation :</u>

1. Épluche l'oignon et émince-le. Fais chauffer un filet d'huile d'olive dans une casserole et fais-y revenir l'oignon.

2. Ajoute les lentilles corail et saupoudre de curry. Déglace avec 500 mL d'eau puis verse l'écrasé de tomate et le lait de coco. Ajoute une pincée

de gros sel. Porte à ébullition puis laisse mijoter à couvert, à feu doux pendant 20 minutes.

3. Ajoute de l'eau si nécessaire et mixe tout ou une partie de ta soupe. Assaisonne et ajoute des herbes ciselées. Sers avec du poivre et quelques croûtons !

Soupe de patates douces

<u>Ingrédients</u> :

- 1 gros oignon émincé
- 100 gr de poivrons coupés en cubes (surgelés hors saison)
- 1 cuillère à soupe d'huile d'olive
- 600 gr de patates douces coupées en cubes
- 1 cuillère à soupe de bouillon aux légumes en poudre

Optionnels :
- crème végétale type soja cuisine
- levure maltée
- ail en poudre
- 100 gr de haricots rouges cuits, riz basmati

<u>Préparation</u> :

1. Dans un fait-tout, faire revenir l'oignon et les cubes de poivrons dans 1 cuillère à soupe d'huile d'olive.

2. Ajouter les cubes de patates douces, 1 cuillère à soupe de bouillon aux légumes en poudre et couvrir d'eau.

3. Couvrir et laisser cuire environ 8 minutes. Pour vérifier la cuisson, piquer les patates douces qui doivent être tendres.

4. Optionnel : ajouter 100 gr de haricots rouges cuits à mi-cuisson.

Tomates farcies

Pour 4 personnes : Préparation : 1 h 20 min

<u>Ingrédients :</u>

- 4 tomates à farcir
- 1 verre de protéine de soja texturé
- 1 girolle
- 1 oignon
- 1 branche de céleri
- feuille de basilic et de coriandre fraîches
- 1 cuillère à café de piment d'Espelette
- 1 cuillère à café de paprika
- 1 cuillère à café de muscade
- 1 morceau de sucre
- Huile d'olive

<u>Préparation :</u>

1. Vider les tomates, saler l'intérieur et les laisser dégorger à l'envers dans un plat pendant la préparation de la farce. Réserver la pulpe et le jus pour après.

2. Porter à ébullition un litre d'eau salée y incorporer les protéines de soja texturé et la branche de céleri émincée. Laisser mijoter 1/4 d'heure à feu doux.

3. Faire revenir dans l'huile d'olive l'oignon émincé et les champignons jusqu'à ce qu'ils blondissent. Saler, poivrer.

4. Égoutter les protéines de soja et le céleri, ajouter l'oignon et les champignons, les herbes finement ciselées, les épices, sel poivre.

5. Dans une casserole, faire mijoter 10 min à feu doux la pulpe et le jus des tomates avec un morceau de sucre pour casser l'acidité. Couper les gros morceaux.

6. Préchauffer le four à 180°C. Farcir les tomates avec ce mélange.

7. Verser la sauce tomate dans le plat et sur la farce. 20 min au four à 180°C.

Tortillas au guacamole

<u>Ingrédients</u> :

- 2 avocats bien mûrs écrasés
- le jus d'un citron (ou du jus de citron)
- 1 petit oignon ou oignon vert en petits morceaux
- de la coriandre ciselée (fraîche, ou à défaut surgelée)
- une bonne pincée de sel et de poivre
- des tortillas
- concombre en petits cubes
- chou finement émincé
- carottes en bâtonnets
- tomates cerises coupées en quartiers
- poivron en petits dés
- champignons crus en lamelles
- des feuilles de salade
- des cornichons en petites rondelles (voir tout en bas de l'article, les meilleurs cornichons du monde)
- olives en rondelles

<u>Préparation</u> :

Dans une galette, étaler au milieu le guacamole, ajouter les crudités, replier les deux côtés puis le fond de la galette, et fixer en plantant un cure-dent.

Uppama
(Inde)

Pour 4 personnes : Préparation : 30 min

Ingrédients :

- 250 g de semoule de blé
- 15 noix de cajou
- 1 cuillère de raisins secs
- 1 oignon
- 2 piments verts
- 1 cuillère à café de moutarde en grains
- 5 gingembre frais
- Curry
- Ghee
- 40 cl d' eau

Préparation :

1. Faire brunir à sec la semoule dans une casserole puis réserver.

2. Dans un peu de matière grasse, faire gonfler les raisins secs et dorer les cajous. Réserver.

3. Dans cette matière grasse, chauffer les graines de moutarde jusqu'à éclatement. Ajouter alors piments, gingembre et oignon émincés, ainsi que le curry. Ajouter eau et sel.

4. A ébullition, verser la semoule et faire mijoter 5-10 minutes.

5. Rajouter raisins et cajous.

6. Servir chaud.

DESSERTS

Barres de céréales aux fruits secs

Pour 4 personnes : Préparation : 35 min

<u>Ingrédients :</u>

- 100 g de margarine végétale avec huiles de coco et d'amande
- 150 g de flocons d'avoine
- 100 g de graines de courge
- 4 cuillères à café de sirop d'agave
- 80 g de sucre roux
- 150 g de fruits secs de votre choix (abricots, raisins, cranberries…)
- 50 g de fruits à coques concassés (noix, noisette…)

<u>Préparation :</u>

1. Préchauffez le four à 180 °C (Th.6)

2. Faire fondre à feu doux la margarine végétale avec huiles de coco et d'amande avec le sirop d'agave.

3. Retirez du feu et ajoutez tous les autres
   ingrédients.

4. Étalez la préparation sur une plaque
   antiadhésive ou recouverte de papier cuisson,
   en laissant une épaisseur de 2 cm environ.

5. Cuire 12 à 15 minutes jusqu'à ce que cela dore
   légèrement.

6. Coupez les en forme de barres de céréales
   pendant que c'est encore mou, puis laissez
   refroidir.

Barres chocolatées au caramel

Pour 6 pièces : Préparation : 1 h 35 min

Ingrédients :

- 200g de chocolat pâtissier
- 160g de sucre
- 90g de crème végétale
- 80g de cacahuètes / noix / noisettes / amandes

Pour le biscuit :
- 90g de farine
- 40g de margarine ou huile de coco
- 50g de sucre
- 1 pincée de sel
- 1/2 cuillère café de levure chimique
- 30 mL de lait végétal

Préparation :

1. Fais fondre le chocolat pâtissier, au bain-marie ou au micro-onde, et verse-le dans tes moules pour napper tous les côtés. Retourne les moules

sur une grille pour que le surplus s'écoule. Place les moules au congélo.

2. Prépare le biscuit sablé : Préchauffe le four à 180°C. Mélange la farine, le sucre, le sel et la levure chimique. Ajoute la margarine ou l'huile de coco molle à la main et incorpore-la pour sabler le mélange. Verse le lait végétal pour former une pâte. Étale-la sur environ 0,4 cm d'épaisseur (en essayant de faire un rectangle, à peu près) sur un papier sulfurisé. Enfourne sur une plaque pour 15 minutes de cuisson. Tout de suite en sortant du four, détaille des rectangles de la taille de tes moules, pour faire la base des barres chocolatées.

3. Prépare le caramel : Dans une casserole, fais chauffer le sucre, sans eau et sans ustensile, pour réaliser un caramel à sec. Tu peux faire tourner légèrement la casserole pour faire passer le sucre fondu sur le sucre encore sec et avoir un caramel homogène plus rapidement. En même temps, fais chauffer la crème végétale, au micro-onde par exemple. Quand le sucre est bien fondu et caramélisé, verse la crème hors du feu et mélange avec une cuillère en bois. Verse le caramel dans un bol pour le faire refroidir, tu

peux ajouter un peu de fleur de sel. Concasse les noix, cacahuètes, amandes... et mélange-les au caramel.

4. Verse le caramel aux noix dans les moules nappés de chocolat précédemment. Recouvre avec un rectangle de biscuit sablé. Fais fondre le restant de chocolat pour refermer les barres chocolatées. Replace les moules au congélateur pour 30 minutes environ. Démoule et garde-les au frigo

Brownies au caramel & cacahuètes

Pour 12 parts : Préparation : 1 h 10 min

<u>Ingrédients :</u>

- 400g de farine
- 150g de sucre ou cassonade
- 80g de cacao en poudre
- 50g de chocolat pâtissier
- 150g d'huile neutre
- 1 banane
- 1 cuillère à soupe de vinaigre de cidre
- 1/2 sachet de levure chimique
- 1 pincée de sel
- 70g de noix et cacahuètes salées ou non
- 40g de beurre de cacahuète

  Pour le caramel :
- 50g de sucre
- 80 mL de lait de soja
- 1 cuillère à soupe d'huile de coco

<u>Préparation :</u>

1. Réalise le caramel : Fais chauffer le lait de soja.
    Fais chauffer le sucre dans une casserole, sans
    eau, à feu fort. Attend qui caramélise (sans
    utiliser d'ustensile) et penche la casserole de
    temps en temps pour que le sucre non fondu se
    mélange au caramel. Une fois que tout est
    caramélisé, verse le lait de soja chaud hors du
    feu et ajoute l'huile de coco. Remets la casserole
    sur le feu pour que tout soit bien fondu
    ensemble, tu peux mélanger avec une cuillère
    en bois. Verse le caramel dans un bol et réserve
    au frigo.

2. Préchauffe le four à 180°C.

3. Écrase la banane et mélange-la avec l'huile et le
    chocolat fondu. Ajoute 200 mL d'eau.

4. Mélange la farine avec le sucre, le sel, la levure
    et le cacao en poudre. Verse le mélange
    précédent pour mélanger les ingrédients secs
    avec les ingrédients liquides et ajoute le
    vinaigre. Fouette pour obtenir une pâte lisse.
    Ajoute les noix et cacahuètes concassées ou
    entières (tu peux aussi mettre des pépites de
    chocolat).

5. Verse la pâte dans un plat à gratin couvert d'un papier sulfurisé. Dépose un peu partout des points de caramel et de beurre de cacahuète. Avec la pointe d'un couteau, mélange légèrement à la surface de la pâte pour créer des tourbillons de caramel et de beurre de cacahuète. Enfourne pour 45 minutes.

6. Laisse refroidir au moins 30 minutes avant de découper des parts !

Brioche babka

Pour 10 parts : Préparation : 45 min

<u>Ingrédients :</u>

- 400g de farine de blé
- 100g de sucre
- 1 pincée de sel
- 240g de lait de coco
- 25g de levure fraîche
- 65g d'huile de coco
- 120g de pâte à tartiner (ou 60g de chocolat et 60g de crème végétale)

<u>Préparation :</u>

1. Prépare la pâte à brioche : fais tiédir le lait de coco et délaie la levure dedans. Mélange la farine, le sucre et le sel (au batteur si tu en as un) puis verse le lait de coco et l'huile de coco fondue.

2. Couvre la cuve avec un linge humide et laisse lever la pâte pendant 1 heure.

3. Dégaze puis étale la pâte sur ton plan de travail pour avoir un grand rectangle. Étale la pâte à tartiner (ou le chocolat fondu avec la crème végétale) sur toute la surface. Roule la brioche pour faire un boudin. Coupe le boudin en deux dans le sens de la longueur pour obtenir deux brins puis torsade ces deux brins ensemble. Dépose la torsade dans un moule à cake légèrement huilé. Laisse lever à nouveau pendant 45 minutes.

4. Préchauffe ton four à 180°C. Enfourne pour 25 minutes de cuisson. Tu peux ensuite badigeonner un peu de sirop d'agave pour donner de la brillance !

Brioche à la fleur d'oranger

Pour 10 parts : Préparation : 1 h 05 min

<u>Ingrédients :</u>

- 500g de farine
- 110g de sucre
- 1 pincée de sel
- 2 cuillère à café d'eau de fleur d'oranger
- 75g de margarine ou d'huile de coco
- 300g de lait de coco
- 20g de levure de boulanger fraîche

<u>Préparation :</u>

1. Délaie la levure dans le lait de coco tiède. Laisse reposer 5 minutes.

2. Mélange la farine, le sucre et la pincée de sel dans un cul-de-poule ou dans la cuve de ton batteur. Ajoute le lait et la levure puis la margarine fondue ou molle et enfin l'eau de fleur d'oranger.

3. Pétris pendant une dizaine de minutes à la main (ou pendant 4-5 minutes au batteur électrique en utilisant le crochet). Puis laisse ta pâte à brioche lever pendant 1 heure sous un torchon humide.

4. Dégaze puis divise en 3 boudins pour réaliser une tresse en soudant les extrémités. Laisse à nouveau lever 40 minutes, sur un papier sulfurisé, à l'air libre.

5. Badigeonne un peu de lait de coco, ou de soja, puis enfourne à 210°C pour 15 à 20 minutes.

6. Après la cuisson, tu peux faire briller avec un peu de sirop d'agave ou d'érable.

Bûche de noël matcha-framboise

Pour 6 à 8 personnes : Préparation : 1 h 00
+ 6 h 00 au frigo

<u>Ingrédients</u> :

Pour la génoise :
- 260g de lait végétal
- 120g d'eau
- 1 cuillère à soupe de vinaigre
- 50g d'huile
- 300g de farine
- 160g de sucre
- 1 pincée de sel
- 1/2 cuillère à café de bicarbonate de soude
- 1/2 cuillère à café de levure chimique

Pour le sirop :
- 2 cuillères à soupe de sucre
- 4 cuillères à soupe d'eau

Pour le crémeux :
- 500g de lait végétal
- 160g d'huile de coco ou margarine

- 200g de sucre
- 30g de fécule de maïs
- 1 à 3 cuillères à soupe rases de thé matcha
- 150g à 200g de framboises

Fond biscuité :
- 100g de biscuits secs
- 50g de margarine

<u>Préparation :</u>

1. Prépare le crémeux matcha : délaie le matcha dans 200g de lait végétal puis porte à ébullition avec l'huile de coco. Dans un cul-de-poule, fouette le sucre et la fécule, verse les 300g de lait végétal restant et mélange au fouet. Verse dans la casserole de lait au matcha bouillant et cuit la crème en fouettant. Elle va s'épaissir petit à petit. Réserve au frigo pendant 4 heures (ou même une nuit). Si tu as peu de temps, verse sur une plaque pour avoir une épaisseur très fine et que la crème soit froide en une heure.

2. Préchauffe le four à 180°C.

3. Prépare la génoise : dans un cul-de-poule, mélange tous les ingrédients liquides (le lait végétal, l'eau, l'huile et le vinaigre). A part, mélange les ingrédients secs (farine, sucre, bicarbonate, sel et levure). Verse les ingrédients secs dans le mélange liquide et incorpore bien le tout au fouet. Étale sur une plaque avec un papier sulfurisé sur une couche de 0,3 cm à peu près. Enfourne pour 12 minutes environ.

4. Prépare le fond biscuité : écrase les biscuits et incorpore la margarine molle avec tes mains.

5. Prépare le sirop : fais frémir le sucre et l'eau dans une petite casserole. Découpe la génoise à la taille de ton moule à bûche (tu peux utiliser une feuille de papier pour faire un gabarit). Imbibe la génoise en tapotant du sirop au pinceau. Tapisse ton moule à bûche avec la génoise.

6. Fouette la crème au matcha (au fouet électrique si tu as) pour lui donner au texture soyeuse. Ajoute les framboises entières. Verse la crème dans le moule (mets-en un peu de côté pour les finitions). Termine avec une couche de fond biscuité puis met au frigo pour 2 heures.

7. Démoule la bûche et recouvre-la d'une fine couche de crème matcha à la spatule.

Bûche de noël chocolat-praliné-poire

Pour 8 personnes : Préparation : 1 h 15 min
+ 5h00 au frigo

<u>Ingrédients :</u>

Pour la mousse :
- 300g de crème de soja ou de coco
- 230g de chocolat pâtissier

Pour le biscuit :
- 180g de farine de sarrasin
- 100g de sucre
- 75g d'huile de coco ou margarine
- 50g de lait végétal
- sel
- 1/2 sachet de levure chimique

Pour le praliné :
- 150g de noisettes
- 150g de sucre
- 2 cuillères à soupe d'huile neutre
- 30g de chocolat
- 60g de corn-flakes

- 4 poires

<u>Préparation</u> :

1. Épluche les poires et coupe-les en dés. Fais-les cuire à feu doux dans une casserole sans ajouter d'eau. Surveille de temps en temps. Quand elles s'écrasent facilement, c'est cuit ! Tu peux les assaisonner avec un peu de sucre et de cannelle selon ton goût. Laisse refroidir au frigo.

2. Prépare la mousse : fais fondre le chocolat. Émulsionne la crème de soja avec un fouet électrique. Quand elle est très mousseuse (pas montée, elle n'est pas assez grasse pour monter en chantilly), verse le chocolat lentement en fouettant à la main. Tu vas obtenir une mousse encore assez liquide, mais en refroidissant, le chocolat va prendre en masse l'air incorporé ! Verse les 2/3 dans un moule à bûche en silicone et ajoute les poires au centre. Place au congélateur pour au moins 3 heures. Réserve le tiers de mousse restant au frigo.

3. Prépare le biscuit : dans un cul-de-poule, mélange la farine, le sucre, une pincée de sel et la levure. Ajoute l'huile de coco fondue ou la

margarine. Mélange avec tes mains pour incorporer la matière grasse. Verse le lait végétal et mélange pour faire une pâte. Étale-la avec une spatule sur une plaque recouverte d'un papier sulfurisé. Donne une forme de bûche à ton biscuit mais ne t'inquiète pas pour les dimensions, tu pourras le découper proprement après la cuisson !

4. Enfourne pour 15 minutes à 180°C.

5. Prépare le praliné croustillant : concasse les noisettes et fais-les torréfier sur une plaque 8 minutes à 180°C. Réalise un caramel à sec : verse le sucre dans une poêle et laisse-le fondre à feu vif sans utiliser d'ustensile. Tu peux faire tourner légèrement la poêle pour ramener le sucre fondu sur le sucre encore sec et ainsi "mélanger" le caramel. Quand tout est caramélisé, verse les noisettes dans la poêle hors du feu et mélange bien. Verse sur un papier sulfurisé pour laisser complètement refroidir le caramel. Quand il est entièrement durcit, casse des morceaux et mixe-le. Dans un premier temps tu vas obtenir une poudre. Ajoute l'huile neutre et continue de mixer pour arriver à une pâte de praliné petit à petit. Fais

fondre le chocolat et ajoute-le à ta pâte de praliné. Laisse bien refroidir ce mélange puis termine par ajouter les corn-flakes légèrement écrasés.

6. Sur ton biscuit sarrasin, tapisse une couche de praliné croustillant. Démoule la mousse congelée et pose-la par-dessus. Coupe proprement le biscuit à la taille de la mousse. Utilise le restant de mousse que tu as mis au frigo pour masquer tous les côtés de ta bûche avec une spatule. Laisse au frigo au moins 2 heures pour décongeler la mousse puis décore comme tu veux

Cake à la noix de coco

Pour 10 parts : Préparation : 1 h 05 min

<u>Ingrédients :</u>

- 1 banane
- 100g de compote de pomme
- 100g de crème de soja ou yaourt végétal
- 60g d'huile neutre
- 1 cuillère à soupe de vinaigre
- 175g de farine
- 120g de sucre
- 60g de noix de coco râpée
- 1 cuillère à café de levure chimique
- 1/2 cuillère à café de bicarbonate de soude
- 1 pincée de sel

<u>Préparation :</u>

1. Préchauffe le four à 180°C

2. Écrase la banane à la fourchette pour faire une purée. Ajoute la compote de pomme, la crème de soja, l'huile et le vinaigre. Mélange au fouet.

3. Ajoute la farine, le sucre, la levure, la noix de coco, le bicarbonate de soude et le sel et mélange au fouet (ou à la Maryse si ça devient trop difficile).

4. Verses dans un moule graissé et enfourne pour 40 à 45 minutes. Tu peux vérifier la cuisson en plantant la lame d'un couteau au milieu, elle doit ressortir sèche.

5. Tu peux le garder au frigo ou sur ton plan de travail, couvert avec un linge propre, pendant 3 jours.

Cake chocolat-banane

Pour 10 parts : Préparation : 35 min

<u>Ingrédients :</u>

- 2 bananes
- 100 g de sucre blanc
- 50 g de sucre de canne
- 1 sachet de levure
- 1 pincée de sel
- 150 g de farine
- 3 cuillères à café d' huile de coco
- 1 cuillère à café d'huile végétale
- 5 cl de lait végétal
- 80 g de chocolat noir
- 3 cuillères à café de cacao en poudre

<u>Préparation :</u>

1. Écraser les 2 bananes dans un saladier avec une fourchette.

2. Ajouter les sucres et mélanger.

3. Faire fondre l'huile de coco et ajouter l'huile de maïs (ou ajouter 3-4 cuillère d'huile végétale).

4. Verser le sachet de poudre à lever et les carrés de chocolat fondue.

5. Ajouter les 50 ml de lait végétale.

6. Bien mélanger, ajouter la farine et le sel.

7. Bien touiller et ajouter la poudre de cacao.

8. Cuisson à 200°C (thermostat 6-7) pendant 20 min.

Carpaccio d'ananas au citron vert

Pour 4 personnes : Préparation : 10 min

<u>Ingrédients :</u>

- 1 ananas frais
- 100 g de cassonade
- 1 citron vert
- 1 citron

<u>Préparation :</u>

1. Peler l'ananas et le couper en très fines tranches.

2. Faire fondre le sucre à feu vif, retirez du feu quand il reste encore quelques grains de sucre, le but étant de le faire un peu fondre sans que le croquant des grains ne disparaisse.

3. Disposer les tranches d'ananas dans les assiettes sans qu'elles ne se chevauchent trop, arroser de sucre et de jus de citron.

4. Placez une boule de sorbet citron au centre de chaque assiette.

5. Servir pendant que le sucre est encore un peu chaud.

Chocolat chaud à la banane

Pour 2 personnes : Préparation : 10 min

<u>Ingrédients :</u>

- 1 banane
- 500 mL de lait végétal (mi amande mi soja par exemple)
- 50g de chocolat pâtissier
- 1 cuillère à soupe de cacao en poudre

<u>Préparation :</u>

1. Fais chauffer le lait dans une casserole. Ajoute le chocolat et le cacao. Laisse fondre à feu doux.

2. Écrase la banane et ajoute-la dans la casserole. Éteins le feu, mélange bien et sers.

Cinnamome rolls

Pour 15 pièces : Préparation : 1 h 30 min

<u>Ingrédients :</u>

Pour la pâte à brioche :
- 520g de farine
- 120g de sucre
- 20g de levure fraîche
- 300g de lait végétal
- 1 pincée de sel
- 75g d'huile de coco

Pour l'intérieur :
- 60g d'huile de coco
- 2 cuillères à soupe de cannelle en poudre
- 3 cuillères à soupe de sucre

<u>Préparation :</u>

1. Délaie la levure dans le lait tiède.

2. Mélange la farine, le sucre et la pincée de sel. Ajoute le lait et la levure puis l'huile de coco

fondue.Pétris pendant une dizaine de minutes. Puis laisse lever pendant 1 heure sous un torchon humide dans un endroit un peu chaud.

3. Mélange tous les ingrédients de l'intérieur (huile, cannelle, sucre).

4. Dégaze la pâte à brioche et étale-la, sur un plan de travail fariné, assez finement pour avoir un grand rectangle. N'hésite pas à ajouter de la farine si la pâte colle trop.

5. Étale la préparation à la cannelle partout puis roule la pâte à brioche sur elle-même pour former un boudin. Détaille des tranches de 3 cm de large environ et pose-les, faces coupées vers le haut, sur une plaque avec un papier sulfurisé.

6. Laisse lever une seconde fois, pendant 30 minutes.

7. Préchauffe le four à 200°C, puis enfourne pour 18 minutes. Tu peux réaliser un glaçage en mélangeant du sucre glace avec un peu d'eau, pour napper tes rolls, mais ils seront plus sucrés.

Cookies vanille & chocolat

Temps de préparation : 10 minutes
Temps de cuisson : 11 minutes

Pour 7 cookies

<u>Ingrédients</u>

- 130g de poudre d'amandes
- 2½ cuillères à soupe d'huile de coco fondue
- 20g de pépites de chocolat noir (vous pouvez casser votre chocolat vous-même aussi)
- 2 cuillère à soupe de sirop d'érable ou sirop d'agave.
- 1 cuillère à café d'extrait de vanille. Vous pouvez ajouter une gousse pour encore plus de goût.
- ¼ c. à café de fleur de sel
- ¼ c. à café de poudre à lever (sans gluten)
- 1 cuillère à café de purée d'amandes (facultatif)

<u>Préparation :</u>

1. Préchauffez le four à 170°.

2. Mélangez tous les ingrédients dans un saladier. La pâte devra se décoller du saladier et former une boule (la purée d'amandes aide à cela).

3. Formez des boules de taille régulières.

4. Sur une plaque tapissée de papier sulfurisé, disposez les boules et appuyez légèrement dessus avec la paume de votre main. Attention, ne pas trop appuyer, les cookies doivent être plutôt bombés.

5. Faire cuire 11 à 13min en laissant dorer sur les côtés, mais pas trop doré. Le centre doit être plutôt blanc. Molle à la sortie du four, la préparation durcit en refroidissant sauf le cœur qui restera moelleux, donc pas de panique si vous avez l'impression que la pâte est restée crue.

6. Si vous préférez plus croquant, prolongez la cuisson de 3-4 minutes.

7. Laissez refroidir.

8. Dégustez ! Et conservez 5 jours maximum dans un récipient hermétiquement fermé.

Croustillant de coing à la vanille
et pignons de pin

Pour 4 personnes : Préparation : 30 min

<u>Ingrédients :</u>

- 2 coings
- 20 cl de jus de fraise
- 0.5 gousse de vanille
- 1 feuille de pâte phyllo (22x22cm, décongelée)
- 15 g de margarine végétale
- 2 cuillères à café de pignons de pin

<u>Ustensiles :</u>

- 4 petits moules résistants au four (environ 6 cm de diamètre et 2 cm de haut)

<u>Préparation :</u>

1. Pelez les coings, découpez-les en morceaux, retirez les cœurs et coupez la chair en petits dés.

2. Portez à ébullition les morceaux de coings, le jus de pomme et les graines de vanille.

3. Laissez cuire le coing environ 10 minutes et réduisez le jus. Laissez refroidir le coing dans le sirop de pomme.

4. Préchauffez le four à 180 °C (Th.6).

5. Découpez la pâte phyllo en 8 carrés d'environ 7×7 cm. Faites fondre la margarine végétale et graissez-en les moules et les carrés de pâte phyllo.

6. Superposez-les deux par deux, mais faites pivoter le carré supérieur d'un quart de tour afin de former une étoile à 8 branches.

7. Déposez les carrés deux par deux dans les formes (ils dépassent un peu).

8. Enfournez les tartelettes pendant 7 minutes environ jusqu'à ce qu'elles soient croustillantes et légèrement dorées.

9. Retirez-les du four et laissez-les reposer.

10. Démoulez ensuite les tartelettes et laissez-les refroidir. Faites dorer les pignons de pin dans une poêle sèche et remuez-les dans une assiette.

11. Disposez le coing, la réduction de sirop et les pignons de pin sur les feuilles de pâte phyllo et servez directement.

Crumble de fruits rouges

<u>Ingrédients</u> (pour 6) :

Les fruits

- 3 pommes
- 1 petit bol de cerises
- Cassis, framboises (ou fraises, groseilles, mûres….)

La pâte à crumble

- 110 g de sucre de canne
- 65 g de farine de riz ou de millet
- 65 g d'amandes en poudre ou de flocons de céréale sans gluten (millet, sarrasin…)
- 70 g de purée d'amande blanche

<u>Préparation</u> :

1. Peler les pommes et couper en morceaux. Les cuire à l'étouffée dans une petite casserole avec une cuillère d'eau et un couvercle. Couper le

feu lorsqu'elles sont bien molles et les mélanger aux autres fruits.

2. Préparer la pâte à crumble sans gluten en mélangeant les ingrédients secs. Délayer la purée d'amande blanche avec un petit trait d'eau afin de l'amollir. La mélanger au reste du bout des doigts, jusqu'à obtenir une texture sableuse.

3. Répartir les fruits dans un plat et recouvrir de pâte à crumble.

4. Cuire 15 minutes à 200°C, juste le temps de que la pâte à crumble dore sur le dessus.

5. Déguster chaud ou froid.

Galette des rois poire-chocolat

Pour 6 personnes : Préparation : 1 h 10 min

Ingrédients :

- 2 pâtes feuilletées
- 70g de pépites de chocolat
- 1 poire
- 200g de poudre d'amande
- 40g de fécule de maïs
- 80g de sucre
- 60g d'huile de coco ou de margarine
- 100g de crème de soja
- 1 cuillère à soupe de lait de soja

Préparation :

1. Préchauffe le four à 200°C.

2. Pour la frangipane : dans un saladier, mélange la poudre d'amande, le sucre et la fécule. Fais fondre l'huile de coco ou la margarine. Verse-la sur le mélange de poudres. Ajoute la crème de

soja et fouette pour mélanger. Termine par ajouter les pépites de chocolat.

3. Déroule une pâte feuilletée et garnie-la avec la frangipane. Insère la fève où tu veux. Épluche la poire et coupe-la en lamelles fines pour les déposer sur la frangipane. Recouvre avec une deuxième pâte feuilletée et soude bien les bords en les rabattant joliment vers l'intérieur.

4. Tu peux faire des dessins sur le dessus avec la pointe d'un couteau. Perce un trou au centre de la galette pour que l'air s'évacue à la cuisson et éviter qu'une bulle ne se forme. Avec un pinceau trempé dans du lait de soja, tapote le dessus de la galette.

5. Enfourne pour 45 minutes en surveillant de temps en temps, il faut que ce soit bien doré dessus.

Gâteau au chocolat

<u>Ingrédients</u> :

- 200g de farine
- 1 cuillère à café de bicarbonate de soude ou 1 sachet de levure à défaut.
- 100g de sucre, complet ou roux si possible
- 50g de cacao en poudre non sucré
- 50g de poudre de noisettes
- 75g d'huile neutre (tournesol, colza…)
- 300g de lait végétal (amande, noisette, soja, avoine…)
- 1 cuillère à soupe de vinaigre de cidre
- Option : 100g de pépites de chocolat.

<u>Préparation</u> :

1. Préchauffer le four à 180 degrés.
2. Mélanger la farine et le bicarbonate dans un saladier.
3. Ajouter le sucre, le cacao et la poudre de noisettes. Mélanger.
4. Ajouter l'huile et le lait. Bien mélanger.

5. Ajouter le vinaigre. Mélanger.

6. Ajouter éventuellement les pépites de chocolat et mélanger de nouveau.

7. Débarrasser dans le moule huilé.

8. Enfourner à 180 degrés pour 28 minutes. (En tout cas pour mon four… Surveillez bien la cuisson à la fin pour un moelleux parfait !)

Gâteau de semoule aux pommes

Pour 6 personnes : Préparation : 1 h

<u>Ingrédients :</u>

- 120 g de semoule fine
- 4 pommes
- 75 cl de lait d'avoine ou un autre lait végétal.
- 80 g de sucre
- Margarine
- Cannelle

<u>Préparation :</u>

1. Faites chauffer le lait jusqu'à ébullition, puis ajoutez la semoule, le sucre et faire cuire à feu doux 10 min en remuant de temps en temps.

2. Puis mettez de coté.

3. Pelez vos pommes, coupez-les en assez petits morceaux.

4. Faites chauffer une bonne noix de matière grasse, ajoutez vos pommes le sucre vanillé, et la cannelle.

5. Faites cuire jusqu'à ce que les pommes ramollissent.

6. Graissez votre moule et déposez les pommes au fond.

7. Versez la semoule par dessus et enfournez à 170 degrés pendant 30 minutes.

8. Vous pouvez le déguster froid ou chaud.

Gaufre végan

Pour 8 pièces : Préparation : 30 min

<u>Ingrédients :</u>

- 210g de farine
- 50g de sucre
- 1/2 sachet de levure chimique
- 290g de lait de soja
- 1 gousse de vanille
- 40g de margarine végétale

<u>Préparation :</u>

1. Dans un cul-de-poule, verse la farine, le sucre et la levure. Fouette le tout.

2. Ajoute le lait de soja progressivement en fouettant pour obtenir une pâte lisse.

3. Fais fondre la margarine et verse-la dans le cul-de-poule.

4. Termine par fendre la gousse de vanille en deux et par ajouter les grains à ta préparation.

5. Fais chauffer ton appareil à gaufre. Verse une demie louche de pâte et laisse cuire pour obtenir une jolie couleur.

6. Renouvelle l'opération pour cuire toutes les gaufres.

Glace au chocolat

<u>Ingrédients</u> :

Pour 430 g de glace :

- 90 g de noix de cajou crues non grillées non salée
- 250 ml de lait de coco en boite (ni bouteille ni brique)
- 50 g de sucre semoule
- 2 cuillère à soupe de sirop d'agave
- 1 pincée de sel
- 30 g de cacao amer
- 50 g de pépites de chocolat noir

<u>Préparation</u>

1. La veille ou quelques heures à l'avance, faire tremper les noix de cajou. Égoutter.

2. Verser dans le mixeur et commencer à mixer. Ajouter le reste des ingrédients l'un après l'autre (sauf les pépites). Bien mixer entre l'ajout de chaque ingrédient, jusqu'à obtention d'une préparation lisse et crémeuse.

3. Transférer dans un bol et mettre au frais pendant quelques heures. On obtiendra une sorte de mousse épaisse et compacte.

4. Verser dans une sorbetière pendant une vingtaine de minutes, en ajoutant les pépites de chocolat.

5. Sans sorbetière : mettre la préparation au congélateur et mélanger toutes les 30 minutes pendant 3-4 heures.

6. Servir de suite ou conserver la glace au congélateur et la faire durcir ultérieurement pour pouvoir faire des boules.

7. Cette glace a l'avantage de ne pas couler et de ne pas fondre trop rapidement. Grâce au lait de coco, elle se conserve très bien au congélateur !

Madeleines marbrées

Portions : 18 madeleines

Temps de Préparation : 10 minutes

Temps de Cuisson : 10 minutes

<u>Ingrédients</u>

- 80 g farine de riz ou farine de blé pour les non intolérants
- 60 g poudre d'amande
- 40 g fécule de maïs ou farine de blé pour les non intolérants
- 4 cuillères à soupe de sucre de canne complet
- 1 cuillères à soupe de poudre à lever (sans gluten) ou levure chimique pour les non intolérants
- 6 cuillères à soupe de compote de pomme ou autres
- 30 g de margarine végétale fondue ou huile de coco
- 5 cl lait végétal
- 1 cuillères à soupe de fleur d'oranger
- 4 cuillères à soupe de cacao en poudre non sucré
- 1 pincée sel

<u>Préparations</u>

1. Dans un saladier mélanger la farine, la fécule, le sucre, la poudre à lever, la poudre d'amande, le sel.

2. Ajouter la margarine fondue, la compote et le lait petit à petit en fouettant jusqu'à obtenir une consistance assez épaisse mais qui puisse être facilement versée dans les empreintes à madeleines. (J'ai du rajouter 5 cl mais cela peut être un peu variable selon la capacité d'absorption de vos farines)

3. Diviser votre pâte en deux, dans une partie ajouter la fleur d'oranger, dans l'autre le cacao

4. Laisser reposer la pâte 2 heures minimum au réfrigérateur (j'ai laissé toute une nuit).

5. Préchauffer le four à 240 degrés

6. Dans vos moules à madeleines alterner les couches de pâte "neutre" et de pâte "cacao"

7. Mettre au four pour 6 minutes puis baisser le
    four à 180 degrés et laisser encore 3 à 4 minutes

8. Laisser refroidir et démouler les madeleines

Moelleux à la banane, chocolat et noisette

Pour 6 pièces : Préparation : 2 h 30 min

<u>Ingrédients :</u>

- 2 bananes
- 60g de sirop d'érable
- 60g d'huile de coco
- 175 mL de lait végétal
- 10 mL de vinaigre de cidre
- 100g de chocolat pâtissier
- 280g de farine
- 50g de sucre
- 1 cuillère à café de bicarbonate de soude
- 1 cuillère à café de levure chimique
- ½ cuillère à café de sel

Pour l'intérieur :
- 180g de crème de soja
- 80g de chocolat

Pour la ganache :
- 190g de crème de soja

- 170g de chocolat pâtissier
- 50g de purée de noisette

<u>Préparation :</u>

1. Prépare l'intérieur moelleux : fais frémir la crème de soja dans une casserole et verse-la sur le chocolat. Mélange avec un fouet puis verse dans un bac à glaçons pour faire 6 glaçons. Laisse au congélateur pendant 2h30.

2. Préchauffe le four à 175°C.

3. Prépare la ganache : fais frémir la crème de soja dans une casserole et verse-la sur le chocolat. Mélange avec un fouet et ajoute la purée de noisette. Laisse au frigo pendant 2 heures.

4. Prépare la pâte à gâteau : fais fondre le chocolat avec l'huile de coco. Réduit les bananes en purée avec une fourchette. Mélange-les avec le sirop d'érable, le lait végétal, le mélange d'huile et de chocolat fondu et le vinaigre de cidre. Dans un autre cul-de-poule, mélange la farine, le sucre, le bicarbonate de soude, la levure chimique et le sel. Verse ces ingrédients secs sur le mélange précédent. Mélange.

5. Huile légèrement les moules puis verse la pâte jusqu'à un demi centimètre du bord. Ajoute un glaçon de ganache au milieu de chaque moule et enfonce-le pour qu'il soit recouvert de pâte à gâteau.

6. Enfourne pour 20 minutes de cuisson. Laisse refroidir une quinzaine de minutes avant de démouler.

7. Attend que les moelleux soit bien refroidis pour pocher la ganache avec une poche à douille.

Moelleux au chocolat

Pour 6 pièces : Préparation : 45 min

<u>Ingrédients :</u>

- 200g de farine
- 50g de sucre
- 1/2 sachet de levure chimique
- 200g + 70g de chocolat
- 150g de crème végétale
- 100g de margarine
- 3 cuillères à soupe de compote de pomme
- 150g de lait de soja

<u>Préparation :</u>

1. Prépare tes cœurs moelleux : Porte à ébullition la crème végétale et verse-la sur les 70g de chocolat. Mélange pour obtenir une ganache lisse puis verse dans un bac à glaçons pour faire 6 cœurs de ganache. Congèle pendant au moins 3 heures.

2. Préchauffe le four à 200°C. Fais fondre les 200g de chocolat avec la margarine au micro-onde ou au bain-marie.

3. Dans un cul-de-poule, mélange la farine, la levure et le sucre. Verse le chocolat fondu. Mélange puis ajoute la compote et termine par le lait de soja en fouettant. Tu dois obtenir une pâte à gâteau bien lisse.

4. Répartis la moitié de la pâte dans 6 moules préalablement graissés. Ajoute les cœurs de ganache congelés au centre puis recouvre avec le reste de la pâte à gâteau.

5. Enfourne pour 25 minutes. Mange tes moelleux au chocolat encore tièdes Tu peux les conserver 3 jours au frigo mais il faudra les passer un peu au micro-onde avant de les manger !

Muffins aux bleuets

Pour 6 pièces : Préparation : 50 min

<u>Ingrédients :</u>

- 175g de farine
- 90g de sucre
- 1/2 sachet de levure chimique
- 1/2 cuillère à café de bicarbonate de soude
- 2 bananes
- 1 yaourt au soja
- 60g d'huile
- 90g de lait de soja
- 80g de bleuets (ou de myrtilles)
- 1 cuillère à soupe de vinaigre de cidre

<u>Préparation :</u>

1. Dans un cul-de-poule, mélange la farine, le sucre, la levure et le bicarbonate.

2. Dans un autre cul-de-poule, écrase les bananes avec une fourchette pour en faire une purée.

Ajoute le yaourt, l'huile, le lait de soja et le vinaigre.

3. Verse ce mélange sur les ingrédients secs et mélange bien. Termine par ajouter les bleuets.

4. Place au frigo 30 minutes (ça sert à ce que les fruits ne tombent pas au fond des muffins pendant la cuisson mais à ce qu'ils soient bien répartis).

5. Préchauffe le four à 200°C. Répartis la pâte dans 6 moules à muffin avec des caissettes en papier. Enfourne pour 30 à 35 minutes de cuisson.

Muffins aux mûres

Pour 4 personnes : Préparation : 17 min

<u>Ingrédients :</u>

- 40 g de maïzena
- 1/4 banane
- 150 g de sirops d'agave
- 30 g d' huile d'olive
- 60 g de farine de riz
- 70 g de mûres congelées
- 1/2 cuillère à café de bicarbonate
- 1/4 cuillère à café de sel

<u>Préparation :</u>

1. Préchauffer le four à 180°C (thermostat 6).

2. Laisser décongeler les mûres.

3. Mélanger tous les ingrédients, mixer le tout et ajouter au dernier moment les mûres.

4. Enfourner 12 min.

Pain d'épices

Pour 6 personnes : Préparation : 2 h 05 min

<u>Ingrédients :</u>

- 70 cl de lait de soja (ou lait de riz, ou lait d'amandes)
- 30 g d' huile d'olive (ou de noisette)
- 210 g de farine de riz (vous pouvez également faire moitié farine de riz, moitié fécule de maïs)
- 500 g de sirops d'agave
- 1/2 cuillère à café de bicarbonate
- 1/2 cuillère à café de citron
- 1 cuillère à café de cannelle
- 1/4 cuillère à café de sel
- grain d'anis (environ 5, ou bien 1 cuillère à soupe de pastis)

<u>Préparation :</u>

1. Préchauffer votre four à thermostat 5 (150°C).

2. Mélanger tous les ingrédients avec énergie pour éviter les grumeaux.

3. Mettre 2h au moins au four (n'oubliez pas de graisser votre moule, moule à cake).

211

Rochers à la noix de coco

Pour 4 personnes : Préparation : 15 min

<u>Ingrédients :</u>

- 6 cl de lait de soja
- 1 cuillère à soupe de maïzena
- 100 g de sirops d'agave
- 150 g de noix de coco râpée

<u>Préparation :</u>

1. Préchauffer le four à 180°C (thermostat 6).

2. Tout mélanger et fouetter le tout.

3. Verser la pâte dans des petits moules en silicone puis enfourner pour 10 minutes de cuisson.

Roses des sables coco

Pour 4 personnes : Préparation : 15 min

<u>Ingrédients :</u>

- 150 gr de chocolat noir
- 100 gr margarine végétale aux huiles de coco & d'amande
- 100 gr de pétales de maïs
- 30 gr de noix de coco râpée

<u>Préparation :</u>

1. Au bain marie faites fondre délicatement le chocolat et la margarine jusqu'à obtenir une texture lisse et brillante.

2. Dans un grand saladier disposez les pétales de maïs et la noix de coco râpée puis versez lc chocolat dessus.

3. Bien remuez, puis faites des petits tas sur du papier cuisson que vous pouvez laisser refroidir au frigidaire quelques heures.

Rouleaux de printemps sucrés

Pour 3 personnes : Préparation : 20 min

<u>Ingrédients :</u>

- Feuille de riz (de 25 cm environ)
- 2 pommes au choix
- 2 oranges
- 1 cuillère à café de cannelle
- 1 pincée de gingembre en poudre
- 2 cuillères à café de sucre glace

<u>Préparation :</u>

1. Peler et râper les pommes (râpe moyenne) et mélangez-les aux épices (cannelle, gingembre et sucre). Peler les oranges à vif en prenant soin d'éliminer toutes les petites peaux blanches et découper les en tranche.

2. Ramollir les feuilles de riz comme indiqué sur le paquet, déposer chaque feuille sur une assiette plate, disposer joliment deux tranches d'orange et les pommes râpées pour finir par encore deux tranches d'orange.

3. Rabattre les bords de la feuille de riz et rouler, enfermer chaque rouleau dans du film alimentaire et garder au frais jusqu'à dégustation.

4. Procéder ainsi pour les deux autres rouleaux de printemps.

5. Vous pouvez à volonté augmenter les quantités pour en faire plus et même choisir d'autres fruits comme les fraises en remplacement des oranges ou des mangues... Selon votre imagination !

Sablés sarrasin, chocolat & amandes

Pour 8 biscuits : Préparation : 1 h 30 min

<u>Ingrédients :</u>

- 180g de farine de sarrasin
- 100g de sucre blond
- 1/2 cuillère à café de levure chimique
- 1/2 cuillère à café de sel
- 75g d'huile de coco (+ 1 cuillère à café pour le nappage)
- 80g de lait végétal
- 70g de chocolat pâtissier
- 25g d'amandes entières ou concassées

<u>Préparation :</u>

1. Dans un cul-de-poule, mélange la farine de sarrasin avec le sucre, la levure et le sel. Fais fondre l'huile de coco et verse-la sur le mélange. Sable la préparation entre tes mains. Ajoute le lait végétal et mélange à la main pour former une pâte. Place au frigo pendant 25 minutes.

2. Préchauffe le four à 180°C.

3. Quand la pâte est refroidie et moins collante,
    forme 8 petits biscuits. Dispose-les sur une
    plaque allant au four recouverte d'un papier
    sulfurisé. Enfourne pour 15 minutes. Quand les
    sablés sont cuits, laisse-les refroidir environ une
    heure.

4. Fais fondre le chocolat pâtissier et la cuillère à
    café d'huile de coco au bain-marie ou au micro-
    onde. Concasse les amandes et mélange-les au
    chocolat. Trempe les biscuits dans le chocolat et
    repose-les sur le papier sulfurisé. Laisse durcir
    au frigo pendant 20 minutes. Ensuite les sablés
    se conservent à température ambiante, couverts
    d'un linge, pendant 3 jours.

Salade d'oranges

Pour 4 personnes : Préparation : 20 min

<u>Ingrédients :</u>

- 1 kg d'orange
- 2 cuillères à soupe de sucre roux
- 2 cl de grand marnier
- 6 mandarines
- 1/2 cuillère à café de cannelle
- 1 cuillère à soupe d'eau de fleur d'oranger

Préparation :

1. Couper les oranges en rondelles moyennes.

2. Les répartir dans un saladier.

3. Couper et presser le jus des 6 mandarines.

4. Dans une casserole mettez le jus des mandarines + le sucre + le Grand Marnier. Faire réduire le sirop à feu doux.

5. Laisser refroidir le sirop, ajouter un peu de cannelle et une grosse cuillère à soupe d'eau de fleur d'oranger.

6. Verser le mélange sur les oranges et mettez au frais.

Soupe de fraises à la menthe

Pour 6 personnes : Préparation : 20 min

Ingrédients :

- 1 kg de fraise
- 2 cuillères à soupe de jus de citron
- 15 feuilles de menthe
- 3 cuillères à soupe de sucre de canne liquide

Préparation :

1. Ciseler les feuilles de menthe.
2.
3. Laver et équeuter les fraises. Puis les mixer ou les écraser.
4.
5. Ajouter le jus de citron, le sucre de canne et la menthe finement hachée.
6.
7. Puis placer au réfrigérateur deux heures durant !

Tarte aux fraises et noix de coco

Pour 6 personnes : Préparation : 2 h 20 min

<u>Ingrédients :</u>

Pour la pâte :
- 270g de farine
- 120g de sucre
- 1/2 sachet de levure chimique
- 1 pincée de sel
- 115g d'huile de coco
- 100g de lait végétal

Pour la crème coco :
- 200g de noix de cajou
- 80g de sucre
- 60g de noix de coco râpée
- 100g de crème de coco
- 200g de fraises

<u>Préparation :</u>

1. La veille, fais tremper les noix de cajou.

2. Préparation de la pâte : mélange la farine, le sucre, le sel et la levure. Ajoute l'huile de coco molle en l'incorporant à la main pour sabler la pâte. Termine par verser le lait de soja pour former une pâte. Place-la au frigo pendant 20 minutes pour la raffermir et qu'elle soit plus facile à travailler à la main.

3. Préchauffe le four à 180°C. Répartis la pâte dans un cadre à pâtisserie. Enfourne pour 18 minutes de cuisson.

4. Prépare la crème à la noix de coco : égoutte les noix de cajou et mixe-les avec la crème de coco et le sucre pour faire une crème lisse et épaisse. Ajoute la noix de coco râpée et laisse la crème au frigo pendant une heure.

5. Étale la crème sur le palet breton et dépose des fraises coupées en tranches !

Tarte aux poires

Pour 6 personnes : Préparation : 1 h 05 min

<u>Ingrédients :</u>

- 250 g de farine
- 1/2 sachet de levure chimique
- 30 g de sucre
- 130 ml de lait d'amandes
- 3 cuillères à soupe de compote de pommes
- 4 poires
- 1 prune
- Gingembre en poudre

<u>Préparation :</u>

1. Commencez par préparer votre pâte à tarte. Dans un saladier, mélangez la farine avec la levure, le sucre et une pincée de gingembre en poudre (plus ou moins, selon les goûts).

2. Ajoutez ensuite l'huile, mélangez à nouveau et versez progressivement le lait d'amandes.

Travaillez la pâte jusqu'à ce qu'elle soit souple et forme une boule. Réservez-la.

3. Préchauffez votre four à 180°C. Pelez vos poires, épépinez-les et coupez-les finement en tranches.

4. A l'aide d'un rouleau à pâtisserie, étalez votre pâte sur un plan de travail fariné et enfoncez-la dans votre moule à tarte huilé. Piquez le fond avec une fourchette puis étalez la compote dessus. Disposez ensuite joliment vos lamelles de poires, comme bon vous semble. Vous pouvez ajouter une demie prune (ou autre fruit rond) au centre de votre tarte.

5. Saupoudrez éventuellement de sucre ou de gingembre avant d'enfourner.

6. Laissez cuire 30 à 40 min, en fonction de votre four. Laissez tiédir ou refroidir avant de déguster.

Tarte aux pommes

Pour 8 personnes : Préparation : 2 h

<u>Ingrédients :</u>

Pour la pâte :

- 250 g de farine
- 10 cl d' huile de tournesol
- 10 cl d' eau
- 4 cuillères à soupe de sirops d'agave

Pour la garniture :

- 6 pommes (évitez de préférence les pommes granny, longues à la cuisson)
- 10 cl d' eau
- 2 cuillères à soupe de sucre
- Sucre de canne

<u>Préparation :</u>

1. Préparation de la compote de pommes

2. Tout d'abord, commencez par préparer la compote de pommes. Pour cela, épluchez 4 pommes puis découpez-les en petits morceaux. Mettez les pommes dans une casserole et ajoutez de l'eau (environ 10 cl).

3. Laissez la casserole à feu doux afin de ramollir les pommes. Surveillez que les pommes n'accrochent pas à fond de la casserole, sinon ajoutez un peu d'eau. Quand les pommes sont réduites en compote (elles doivent être très molles et former un mélange plus-ou-moins homogène), ajoutez le sucre, mélangez puis laissez refroidir. La réalisation de la compote de pommes est relativement longue au niveau de la cuisson : pour gagner du temps, vous pouvez utiliser une compote déjà prête.

4. Préparation de la pâte

5. Pendant que la compote cuit, vous pouvez déjà préparer la pâte à tarte.

6. Mélangez la farine, l'huile et l'eau dans un saladier. Ajoutez le sirop d'agave pour donner un goût plus sucré. Mélangez le tout jusqu'à obtenir une boule de pâte homogène. Vous

pouvez ajuster les doses (farine ou eau) pour obtenir la bonne texture.

7. Étalez la pâte avec un rouleau à pâtisserie pour former un cercle de taille légèrement supérieure à celle de votre moule à tarte. Après avoir huilé le moule, positionnez-y le cercle de pâte. A l'aide d'une fourchette, faîtes des petits trous dans la pâte puis mettez-la au four pendant quelques minutes pour la préchauffer.

8. Répartissez ensuite la compote de pommes de manière régulière dans le moule à tarte.

9. Épluchez les deux dernières pommes et coupez-les en lamelles. Placez les lamelles en spirale sur la compote. Saupoudrez légèrement de sucre de canne.

10. Mettez la tarte au four et laissez cuire une vingtaine de minutes.

Tartelette volante de poire
au jus de fraise

Pour 4 personnes : Préparation : 30 min

Ingrédients :

- 2 poires
- 30 cl de jus de fraise
- 2 feuilles de pâte phyllo (congelée et décongelée)
- 2 cuillères à café de margarine végétale
- 1 pointe de cannelle
- 60 g de yaourt de soja

Préparation :

1. Préchauffez le four à 180 °C (Th.6).

2. Découpez les deux feuilles de pâte phyllo en 8 cercles à l'aide d'une tasse ou d'un petit bol (environ 9 cm de diamètre).

3. Déposez-en deux sur une plaque de cuisson chemisée de papier sulfurisé, que vous badigeonnerez de margarine végétale fondu.

4. Déposez les autres cercles par-dessus et nappez-les aussi de margarine végétale.

5. Enfournez la pâte phyllo environ 7 minutes, jusqu'à ce qu'elle soit légèrement dorée et croustillante. Enfournez entre 2 plaques si vous voulez les garder plates.

6. Pelez les poires et retirez le trognon.

7. Coupez les poires en lamelles.

8. Dans une poêle, versez le jus de fraise sur les poires avec la cannelle, puis portez le tout à ébullition.

9. Cuisez les poires à couvert pendant 5 minutes environ.

10. Retirez les morceaux de poire de la poêle et laissez-les refroidir.

11. Laissez réduire le liquide de cuisson jusqu'à ce qu'il devienne sirupeux.

12. Disposez soigneusement les morceaux de poire sur les cercles croustillants de pâtes phyllo.

13. Versez le yaourt et le liquide réduit.

Smoothie

Pour 1 personne (50 cl) : Préparation : 10 min

<u>Ingrédients :</u>

- 2 poignées d' épinard frais
- 4 bouquets de brocolis
- 1 banane
- 1 cuillère à soupe de flocon d'avoine
- 1 cuillère à soupe de beurre de cacahuètes
- 10 baies de goji
- Eau

<u>Préparation :</u>

1. Mixer dans un blender les épinards et les brocoli avec un peu d'eau, puis ajouter les flocons d'avoine, le beurre de cacahuètes, les baie de goji, la banane.

2. Ajouter quelques fruits rouges surgelés et plus ou moins d'eau en fonction de vos envies.

Ingram Content Group UK Ltd.
Milton Keynes UK
UKHW021828010623
422734UK00011B/662